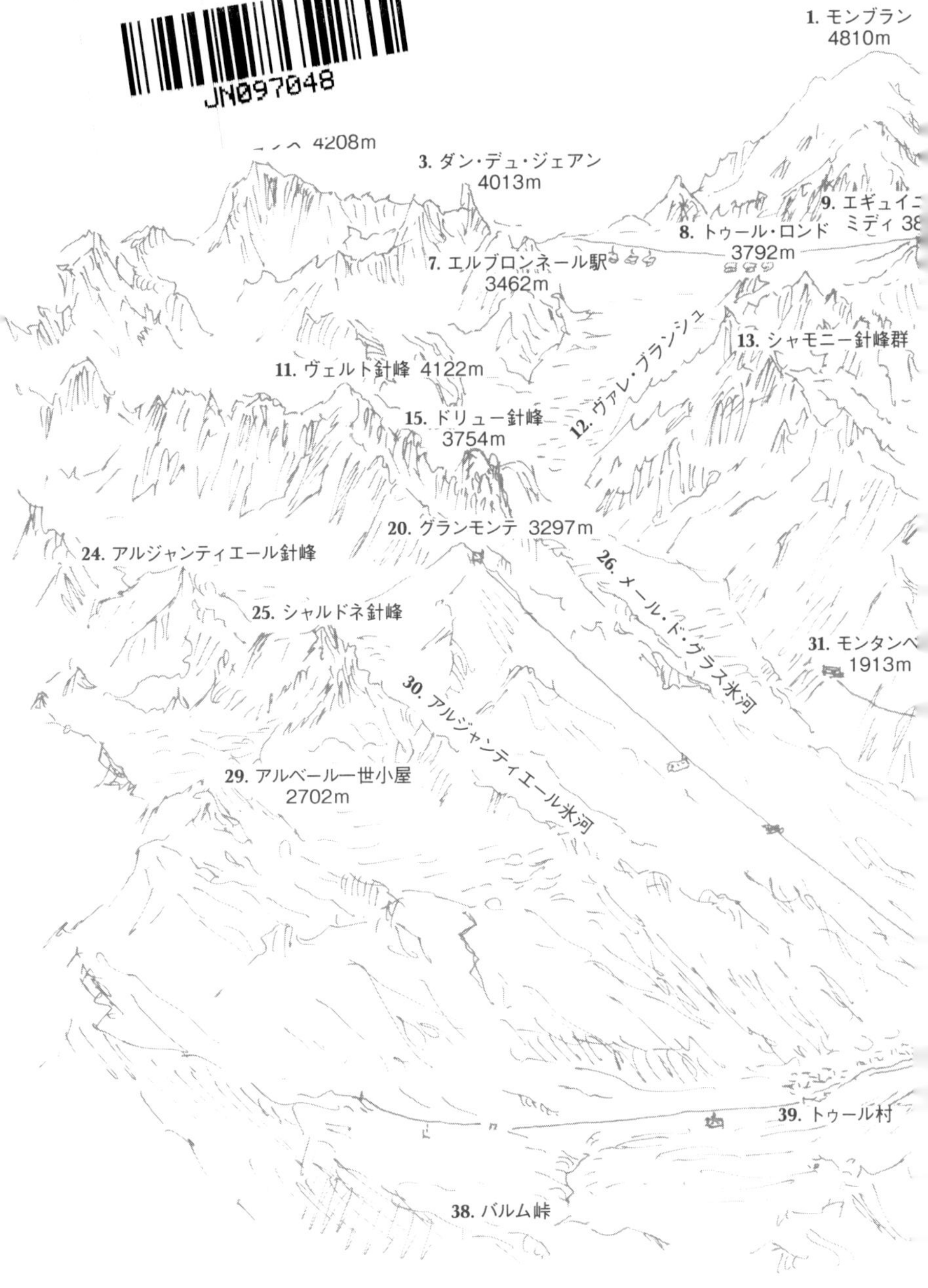
1. モンブラン
4810m
4208m
3. ダン・デュ・ジェアン
4013m
9. エギュイユ
ミディ 38
8. トゥール・ロンド
3792m
7. エルブロンネール駅
3462m
12. ヴァレ・ブランシュ
13. シャモニー針峰群
11. ヴェルト針峰 4122m
15. ドリュー針峰
3754m
20. グランモンテ 3297m
24. アルジャンティエール針峰
26. メール・ド・グラス氷河
25. シャルドネ針峰
31. モンタンベ
1913m
30. アルジャンティエール氷河
29. アルベール一世小屋
2702m
39. トゥール村
38. バルム峠

Christian MOLLIER

UNE VIE À GRAVIR

Le Mont-Blanc pour domaine

シャモニーの谷に生まれて

モンブランが仕事場

クリスチャン・モリエ

柴野邦彦 訳

未知谷
Publisher Michitani

シャモニーの谷に生まれて

目次

用語説明

登山用語は時代によって変化する。この本では著者が活躍した時代、日本で使われていた言葉を優先している。ロープはザイル。クランポンはアイゼン。

— ザイル：登山用のロープ
— アイゼン：雪や氷の登攀用に靴に着ける鉄の爪。

— シュルンド：段差のある大きなクレバス。

— ビバーク：山小屋やテントなしで一夜を過ごすこと。

— クーロワール：山腹に刻まれた急峻な岩の溝。

— アレート：急峻で細い岩や雪の尾根。

— クラック：岩の割れ目。

— リス：ハーケンを打つための細い岩の割れ目。

— スラブ：一枚岩。

— シュリンゲ：ロープやテープを輪にしたもの。岩角に掛けたり、ハーケンに通したり、汎用性が多い。

— セラック：氷河上の氷塔。崩壊の危険が高い。

— テラス：岩壁にあるテラス状の水平部分。

— チムニー：身体の入る岩の大きな割れ目。

— デブリ：落ちてきて堆積した岩や氷の破片。

— モレーン：氷河に運ばれてきて堆積した岩や石の塊。

— ピッチ：ザイル一本分の長さ。

— ビレー：確保。

— ギャップ：キレット、窓、などともいう、山稜が深く切れ込んだ部分。

— トラバース：山腹を水平にあるいは斜めに横切ること。

本文中写真の引用元

APMB: MOLLIER (Christian) & GALLAY (Pierre), *Au pays du Mont-Blanc de Servoz à Vallorcine*, SARL ABRAXAS-LIBRIS, 2002

UBH: Mario Colonel, *Une belle histoire*, Mario Colonel Editions, 2009

DGMB-GB: Christian Mollier, *Du glacier du Mont blanc au glacier des Bossons*, Cabedita, 2000

H&h: Christian Mollier, *Histoire & histoires : Mer de Glace & Vallée Blanche*, Chamonix, 2006

S: Shibano Kunihiko　印のないものは原書より

シャモニーの谷に生まれて

モンブランが仕事場

シャモニーの谷を見下ろすモンブラン。左がボソン氷河、右がタコナ氷河：DGMB-GB

第一章　生い立ち

子供の頃の家やその周囲のことを話したいと思う。私の青年時代と高山ガイドを職業に選んだことに影響を与えているからである。

家

生まれた家はモンカール村の古い農家で、十七世紀の終わりに建てられ、シャモニーの谷のほかのすべての家と同じようなものだった。居間は地面に掘りこんであって、それは暖炉や家畜の熱を最大限に保つためで、また長い冬の積雪や寒さから護るためで、雪崩が出そうな急な斜面の上から見ると、まるで小さく縮こまっているようだった。家は花崗岩でできていて、石灰の上塗りがしてあった。長い時間が厚い壁に穴を開け、中にはスズメバチが巣を作っていた。兄弟たちと一緒にそれを棒で叩いて壊すと、時には痛い注射のおまけがついた。

家は二階建てで、一階には人と家畜が住み、上の階はほとんど干草の納屋になっていた。一階は子供の私にとってはとても広く思えた。たくさんの秘密の通り抜けがあって、かくれんぼをするには絶好だった。外に面した部屋だけに光が入った。中央の部分にはわけの分からない不思議なものがいっぱい詰まっていて、羊やヤギの部屋へ通り抜けて行く時は怖かった。暗いので、引き金を引くと光るダイナモランプを持っていった。それは弱い、ゆらゆらした光をだした。ときどき、私の指が短すぎてランプが手から滑り落ちた。真っ暗になり、恐怖の中で雑多なものが散らばっている床を手探りで探さねばならなかった。

私は兄弟のうちの二人と南側の部屋に住んでいた。冬になるとそこは凍るような寒さになった。我々は鉄砲に狙われた犬のように縮こまって寝たものだった。壁の切込みにある横木の入った窓ガラスはつねに美しい霜の花で飾られていて、それは寒さが緩んだ時か、フェーンが吹いた時にしか消えなかった。夜になるとときどき牡羊が仕切りに角を当てる音や、梁の上をネズミが行進するのが聞こえた。こうした音には慣れていたが、たとえば納屋の床が裂ける音や、戸口の上り段のきしむ音は私たちを不安にさせた。

冬の日々、シャモニーの古い家では中央にあるペールと呼ばれる、大きな部屋で過ごした。そこにはヴァレー地方からの丸い石で作られた暖炉があり、つねに薪の火が燃えていた。照明は部屋の真ん中の裸電球一つだけだった。長いカラマツの梁が天井を二つに分けていて、梁には「神がこの家を護りますように」という文字が彫られていた。部屋の隅は暗かったので、我々は電球の下に置いた大きな丸いテーブルのまわりに輪になって坐った。母が静かに子供たちの靴下の中に丸い木の球を入れて繕《つくろ》っていたのを思い出す。学校の宿題をしたのもそこだったが、そこにはラジオがあって、午後の終わりに父親が〝デュラトン家〟という連続ドラマを熱心に聞くので居心地が悪かった。

夜、夕食の後で、父が友人たちとタロット・カードの勝負をするのもそのテーブルのまわりだった。酒が入り、たいがいはカードを相手の顔に投げつけることで勝負が終わった。部屋の脇には伝統的なストーブがあって、内側に製造時の青い色が残っていた。一度もそこで火を起こしたことがないからだった。母はクリスマスに、置いてあるものをすべて片付け、サンタクロースの通り道にした。そしてぼくたちの靴下をそこへ並べた。この心優しきサンタクロースは役にたった。ぼくたちに必要なもの、セーターや手袋、ときには漫画〝タンタンの冒険〟などを持ってきてくれた。それからココヤシの実があった。それは父のガイドのお客さんが毎年送ってくれるもので、ぼくたちにとっては別世界からの素晴らしい贈り物だった。

きれいな星や、紙の飾りをつけられたモミの木はとても立派だった。サンタクロースが来たあとは、そんな飾りが床に落ちていた。サンタが他の子供たちのところへ行くのに急いでいたのだろう。玩具や、雪の予報、ソリやスキーでの楽しい滑降への期待、そうしたすべてがこの季節に魔法をかけ、ぼくたちは幸福だった。

台所は母の縄張りだ。昼間は大きなテーブルに蠟引きのクロスが掛けられ、食堂となった。薪ストーブの上の棚にはいろいろな色の缶が並んでいて、それにはお茶の葉、冬のハーブティーにする野生のカモミール、そしてまた傷口を治療するためのサルビアやオオバコが入っていた。湿布薬にするためのマスタードもあったが、これはぼくたちだれもが大嫌いだった。背中や胸に塗られると肌が真っ赤になったからだ。けれども母は「良薬は口ににがし」と一言だけ言った。一番端の小さな箱には皮をむいたワラジムシが入っていて、彼女によればこれは骨にいいんだそうだ。小さな薬瓶もあった、これはマーモットの油で、リューマチを和らげる働きがあるということだった。けれど、乱用すると骨を溶かす危険があるとも言われた。彼女はこれらの品や、先祖から引き継いだ他の物を使って治療をした。実際、我々はごくまれにしか医者には行かなかった。

床の真ん中に下へ降りる急な階段の四角い入口があり、それには蓋がしてあった。地下は二つに分かれていて、片方に石炭、もう片方にはジャガイモが入っていた。部屋の暗さにもかかわらず何か月かすると、ジャガイモには白い新芽が伸びた。二階の広い納屋には細い階段を登って屋内からでも行くことができた。干し草は外側の大きな扉から運び込んだ。扉は七月と八月の干し草の取入れの時しか開かなかった。中央には煙突が視界を遮っていて、それは苦労しながら屋根を突き破っているように見えた。近寄ると、煙突は中央がねじれて膨らんでいて、まわりにはストーブの熱で月日とともに広がってゆくひび割れが見えた。干し草が収納してある納屋では、火の危険が両親の心配の種だった。戦争のすぐ後、徒歩でやってくる旅行者を納屋に泊めることがあった。そんな時、夜になると、父はかならずその人たちからマッチとライターを取り上げたそうだ。納屋の屋根は太くて重たいたくさんの梁でできていて、その上にブリキが被せ

モンカール村の家の前で。クリスチャン・モリエの母親と代母になるマドレーヌ・オベール：APMB

られていたが、それは後になって、経済的な理由と用心から難燃性のものに換えられた。屋根はそれほど重かったにもかかわらず、一九六二年のフェーンが吹いた時、麦わらのように飛ばされて隣の畑に落ちた。そのため、両親はこの年に引っ越しを余儀なくされたのだった。

家の脇、子供たちが冬に雪洞を作る野菜畑に沿って、古い道具がいっぱい入った薪小屋があった。私が最初のクライミングをやったのはその柱で三歳だった。最初の強烈な墜落をやって、呼吸ができなくなったのもその場所だった。

外壁には母が特に大事にしていた白い花の咲くバラの木があったのを思い出す。それはまた〝白いバラ〟という母が歌ってくれたシャンソンを思い出させる。とても悲しい歌で、最後にぼくたちは泣いてしまうのだった。その建物から、火事の危険を考えて、少し離れて納屋が建っていた。両親が特に大事にしていたものが入っていた。そこは革の匂いがして古い武器や本、家族の写真、麻のロープや裾飾りのある敷布の山などがごっちゃになっていて、私や兄弟にとって、それらを引っ掻き回すのが楽しかった。

春、水仙が芽をだす隣の畑に曲がりくねったりんごの木が一本あった。子供の私にはそれは大きく見えた。茂みの隙間に鳥たちの寝床があった。根元から新しい芽がでて、木はまだ元気だったし、古い幹のほうには毎年甘い小さなりんごがなった。秋の颪や雪の重みがいくつかの枝を折ると、私の部屋の小さな窓からその空間に青い空が見えた。幹の下の方は傾いていて登りやすかったが、上は垂直になっていて、必死に登らなければならなかった。木はたわむのでとても怖かった。この年取った樹や他の木に登ることで、白樺やトウヒ、あるいはトネリコの枝は丈夫で、苦い経験からリンゴや桜の木、そしてアンズやカラマツは折れやすいということを学んだ。そこで経験した足裏の感覚が後に山登りの時、地面が不安定で危険なものか安定したものかの判断に役に立った。

その古い樹はとてもなじんでいたので、シューベルトの古い菩提樹のように、私もいつまでも思い出す。

ある日、この私の、そしてこの村の思い出を背負っていたその樹は何のためらいもなく三十分ほどで切り倒されてしまった。『私の誕生を見た美しい樹、あなたは私の死をも見届けるだろう』と言ったのはシャトーブリアンだが、もう誰も彼のように言うことはできなくなった。

過去のない新しい世代が勝手に樹を切ると、それは草に覆われて長い間地面に横たわる。そこから芽生えた新しい木は彼等の思い出になるだろう。けれども、孫がその新しい木を切ると、彼等も自分の番として悲しい思い

モンカール村での畑仕事。クリスチャンの父親フィルマン・モリエ：APMB

をするにちがいない。だから、木は切ってはいけないのだ。それは誰かを不幸にすることになる。
今、そのリンゴの木のあった場所は油に汚れたコンクリートで固められている。春、野生のアンズの木に囲まれ、水仙の花が散らばる草地の真ん中に誇り高く立っていたあの樹を私はいつも思い出す。

私の生まれた家は子供時代のもっとも大切な思い出だ。山の村では普通、家というものは住民や木々よりも長く存在する。けれどもこの谷ではすべては目まぐるしく変化した。私の家はまだ奇跡的に残っている。そのまわりの四軒の古い家は倒されてしまった。柱にロープをかけ、何人かの村人が引っ張って倒したのだ。私はもうその古い自分の家には住んでいない。夢の中にでてくるもの以外何も残っていないからだ。内部は造り替えられて、私が生活した見覚えのあるものは何もない。加えられた変更はその場所に対する愛着をも失わせてしまう。

もともとこの家は何軒かの他の家に囲まれていて、とても静かだった。十九世紀の終わりころ、山側の壁から数メートルのところに県道が通った。第二次世界大戦後、その道を通るものは稀で、我々はそこでビー玉遊びをした。自動車が通ったりすればそれは大事件だった。ある日、私は四歳くらいだったと思うが、道の端にいる時、二人乗りのオープンカーが来るのが見えた。まだ道を横切る時間があると考えて、私は駆け出した。そして、つまずいて転んだ。車は急ブレーキをかけ、滑り、そして私の直前で止まった。運転手が降りてきて、私を腕に抱え、尻に平手打ちを加えた。それから私を抱えたまま家へ向かって、台所へ入り、母に何か言って戻っていった。父はすぐに帰ってきて、私の尻に二度目の平手打ちをくらわせた。それは一度目のものよりきつかった。

後になって、私を抱えて家へ運んだ男は当時まだこの谷を占領していたドイツ軍の将校だったことを知った。彼は私の母に向かって、子供から目を離すなと言ったのだ。父はその時レジスタンスの一員で、山でのミッションから帰ってきたところだった。戦闘用の銃が台所の隅に立てかけてあった。幸運なことに、ドイツ兵はそれに気付かなかった。考えてみれば、私はSSの運転手に殺されなくて済んだし、誰もが危機一髪のところで難を逃れたわけだった。

たぶんこの事件の頃からすでにより強い生命感を得るためにリスクを限界まで推し進める性格が私の中に芽生えていたのだと思う。そして、その性格は生涯を通じてずっと続いていた。クライミングはこの計算された危険を生きる機会をたくさん与えてくれた。その瞬間には環境の条件と個人的な能力とを比較分析して行動する。計算しきれない要素はつねに存在し、それが強烈に生きようとする行動に刺激を与えてくれる。

家のすぐ裏側に一九〇〇年に建設された電車の線路があった。線路の脇には六二〇ボルトの裸の電線が走っている。村の親たちは子供にこの線路に近づくことをきつく禁止していた。けれども、禁止されればされるほど、それは我々の興味をそそり、磁石のように我々を引き付けた。最初、遊びは地上より少し上にある電線と鉄のレールの間に針金を投げるものだった。針金がその両方に触れると、電気が通じ、針金は真ん中で強烈な火花を上げた。ある日、人一倍のわんぱくが針金の代わりに鉄の棒を投げつけるまでは、遊びはうまくいっていた。鉄の棒が投げられると、巨大な爆発が起き、それは架線全体をショートさせ、電車が止まった。調査が行われ、彼の両親はきついお叱りを受けた。

我々の日常的な遊びはこの地上数十センチの電線に触れないで、それをまたぐことだった。私の弟が架線をまたぐにはまだ小さくて、それを下からくぐろうとした。彼は電線に触れ、即座に線路脇へはじき飛ばされ、髪の毛が黒焦げになった。また、別の時、私はうっかりして、その上に坐ってしまった。すると吸いつけられたように離れなくなった。肉体的には何も感じなかったが、突然とてつもない恐怖にとらわれた。最終的には誰かが棒を差し出して、私はそれを掴み、両方から引っ張ったのでやっと離れることができた。この時の光景はその後も夢の中にでてきた。私は線路に吸いつけられ、起き上がることも動くこともできず、そこへ列車がやって来るという夢だ。

家から数十メートルのところにアルブ川が流れている。岩を削る氷河の水で牛乳のような色をして、冷たい。この川にかかった小さな橋を通る度に、次から次へと急いで流れてゆく水を見て、その水は私の知らないどんな世界へ行くのだろうと考えていた。

夏になって、水量が増し、大きな岩を転がす音がするようになると、母の心配の種は尽きなくなる。彼女は一日中我々を探しまわり、家に連れ戻すのに追われる。それでも、ある日、弟が水に落ちた。渦に巻き込まれて回転しているところを我々が半ズボンの吊り紐を掴んで引っ張り上げた。おかげで九死に一生を得たのだ。

その当時、川は谷の人々にとっては下水と同じだった。ゴミを川に捨てることに誰も良心の呵責を感じなかった。ゴミは水に運ばれてジュネーブへ、そしてローヌ川がそれを地中海まで運んでいくのだ。ゴミ処理用の大きな収集装置ができるのはそれから数十年先のことだ。私の二人の兄は、この川の汚染の被害者となった。夏の暑い日、川の水を飲んで小児麻痺にかかったのだ。

冬になって、氷河からの水が少なくなると、川は凍り細い小川になった。両岸の岩の斜面には氷が張り付き、水はその間をすり抜けるように流れる。我々はその斜面を滑り台にして、どこまで遠く行けるかを競い合った。

村

第二次世界大戦の後、モンカール村は十軒ほどの古い家族と周辺に越してきた二家族で構成されていた。東側には、少し離れて氷河へ上がってゆく道に沿ってボソン村があった。南側のスキーのジャンプ台の下にグランジュ・ヌーヴ（新しい納屋）があり、そこは一八一四年のひどい嵐の夕方、皇后マリー・ルイーズが避難してきて、けれども泊めてもらえなかった、という言い伝えがある。

モンカール村の中心にある小さな広場は住民にとっての出会いの場であり、また子供たちにとっては遊び場だった。老人たちは広場の端、納屋の前にある縁石にたむろしていた。夏の登山シーズンの前、私の父と偉大なガイド、フェルナン・トゥルニエがザイルを伸ばし、引っ張って強度を試すのもこの場所だった。ザイルがこの試験に合格すればもう一シーズン使えることになる。それにしても、当時大きな墜落はなんとしても避けなければならなかった。麻のザイルは決して安心できるものではなく、事故はしばしばその破断によって起きていたからである。

現在、この小さな広場はもう存在していない。土地の思い出に無関心な人たちは広場を壊し、そこに無意味なロータリーをこしらえた。

教会

村の小さな広場から数メートル離れたところに一六九五年に建立された、サン・ドナを祀った小さな美しい教会があった。村はそのまわりに作られたのだ。夏の間は毎日曜毎にミサが行われたがその後、司祭がいないことや信徒が減ったせいで、この場所は少しずつ活力を失っていった。

五月の聖母マリアの月、午後になると母は我々をそこへ祈りに行かせた。最初のころ、いつもその場所の荘厳さや我々を監視しているような木像の聖人たちに圧倒された。聖人たちの足元は畑の花々に埋もれていて、その匂いや、香の匂い、そして静寂が祈りに混じっていた。何日か経つと、同じ祈りの繰り返しは退屈になった。ある時、我々は捕まえたカナブンを教会の中に放した。大人たちが怒って大騒動になった。

それにしても、あのカナブンたちは一体どこへ行ったのだろう。最近はちっとも見かけない。昔は木をゆすればたくさん落ちてきたのに。それに我々を魅了してやまなかったアゲハ蝶や透明な羽に赤い点を付けたアポロンチョウなどもいなくなった。それらの生き物の住み家だった野原が容赦のない都市化の波に押されて消えてしまったためだろう。時に、それに反対する動きがあったが、抵抗しきれなかった。

古い絵葉書にある、それぞれの地域が特別の愛着を持つような光景はもう完全に過去のものになってしまった。

時々、昔の村の中で変わらないものがないか探してみたが、いくらかの住民の信仰が唯一護っている教会ぐらいしか見当たらなかった。この谷は商業活動に魂を売り渡し、新しい建築物で埋まっている。そうした光景に私はもう未練を感じない。私の視線は急斜面のせいでまだ人間の欲望が到達していない山腹や高山にそそがれ、そこに救いを求めている。

上の教会のすぐ脇に、バルム家の大きな家がどっしりと構えている。その家は一九世紀初めに建てられた。当時、氷河の進行が強かった時代で、バルム家の長は氷河の進行がやがて谷を二つに分けてしまうと考えた。それでこの谷にやってくる旅行者たちは氷河の手前で一泊しなければならない。それで家を宿屋として改装したのだ。残念なことに、氷河は谷の下までは進行しなかった。旅行者はボソン村に止まらず上流のシャモニーまで直接行くことができた。ボソン村の端に建っているこの建物は

ペルラン村から見上げるモンブラン。ボソン氷河が頭の上に落ちてくる：S

モンカール村とボソン村の境界を示していて、学校の子供たちの永遠の戦いの国境でもあった。

学校

このバルム家の大きな建物のすぐ脇に年長と年少組の二つのクラスの小学校があった。地下には食堂があったことをぼんやりと思い出す。はっきりしているのは、ねばねばした不味いスープと小石の混じったエンドウ豆を我慢して飲み込んだことだ。年長組はポール・デゼルーといういい先生が教えていた。この学校に入った時、私は話すのも、宿題もいつも家で使っていて正しいフランス語だと思っていた土地の言葉を使っていた。先生はそれを面白がった。けれども、やはり正しいフランス語に直してくれた。そして、これらの土地の言葉はとても意味深いものだから忘れないように、と付け加えた。今では、私はドイツ語や英語も話すが、同時にこの何人かのガイドや土地の人間にしか分からない言葉を使うことに喜びを感じている。これらの表現は我々の先祖たちの歴史を反映する貴重なものだ。残念なことにそれらは完全に忘れ去られようとしている。

靴屋のマルセル

学校からそう遠くないグランジュの集落に靴屋があった。そこへ行くには畑の中の狭い道を通る。その靴屋のマルセルは住民にとって貴重な存在だった。我々の靴は完全に壊れるまで、何度でも修理されたからだ。その人は真ん中から割れた木靴でさえ、接着しなおしてくれた。

私はよく彼の仕事場を訪ねた。ノックなどは必要ない。いつも回っている機械の音のほうがずっと大きかったからだ。部屋は縦に長く、明かりは蜘蛛の巣のかかった天窓の光だけで、薄暗かった。すぐに古い革の匂いがのどを刺す。その匂いは着ている物にも染みつき、そこを出た後でも長い間残っていた。仕事場の奥は暗くてはっきりは見えない。窓のある側はそれでもうすぼんやりとして、革の埃の中に沈んでいた。少し眼が慣れてくると、天井から下がった革紐やら、積み重なったビブラムソール、壁にかけた甲革、千枚通し、木と鉄の靴型、そして棚にはあらゆる種類の道具が置いてあるのが見えた。そうしたすべての物の真ん中に革の前掛けをつけた一人の職人さんが鉄の靴台を前に屈みこんで仕事をしていた。

私は長い革のベルトがうるさい音を立てながら回っているのに驚いていた。私がいるのに気が付くとマルセルは機械を止め、にっこりしながら私に近づき、しばらく話して、それからまた仕事にとりかかった。私の訪問は彼の邪魔にはならなかったに違いない。それは彼にとっての息抜きになった。

靴の修理は本当にいくらもしない安いものだった。けれども、ある日消費税ができて、料金を上げなければならなくなった。マルセルはこの新しい制度を受け入れることに我慢がならなかった。そして、自分で自分の人生そのものを終わりにしてしまった。

モンブラン・トンネル

十二歳になっていた。その頃、世の中のすべてはきちんと出来上がっていて、変るはずのないものだと思っていた。両親は昔の村やそこにいた家族のことを話してくれた。それぞれの家は何世紀も続いていて、各世代は受け継がれた生活を続けていた。

けれども、その頃家の中ではモンブランの下を通るトンネルの計画や、谷の中を通る道路建設について話されることが多くなっていた。当時、シャモニーの経済状況は良くなかった。周辺のサヴォア地方にいくつかの新しいスキー場ができ、それが競争相手となった。それで、トンネルの開通がイタリアからの新しい観光客の誘致に風穴を開けるのではないかと思われた。

こうした話題は会話の中心となったが、同時に心配の種ともなった。というのは、計画はすでに決定され、道路は建設を容易にする方向で設計されていたからだ。それは谷の真ん中を通り、ボソン村を二つに分ける形になった。道路は私の両親の最良のジャガイモ畑を潰すことになるのだった。けっきょく土地は評価の最低価格で接収された。所有者たちが共同して抵抗するのが間に合わなかったのである。私は一市民が国に立ち向かう時の無力さを知った。長く続く工事の傷跡が剣の刃のように村の家々を突き刺して、道路の建設は急ピッチで進んだ。今まで変わらないと思っていたもののすべてに疑問符がつけられた。工事が進むにつれて、村は少しずつその魂を失っていった。我々が隣の集落に行くために使っていた細い道は新しい道路によって断ち切られ、小川を越えるのに回り道をしなければならなくなった。古い小径は行く先を封鎖され、瓦礫に突き当たって死んでしまった。

被害は物理的なものだけではなかった。それは村人同士が話し合いで作ってきた自給自足体制をも遠ざけてしまった。人や物の存在が単なる痕跡としてしか残らないための時間を加速させたのだった。それは忘却をも加速させた。過去をさらに遠くへと押しやった。そうして、現代化され、人間味のなくなった道路は私が最初に世界を発見した場所を汚し、壊した。私は自分が世界から追放されたように感じた。この無機質な景観を見る度に、以前の草花に覆われた畑を思い出しひじょうな苦痛を感じないわけにはいかなかった。

最初、経済的な効果があると思われていた事業は住民にとって急速に悪夢へと変わっていった。このトンネルがトラックの国際幹線道路になるとは誰も想像していなかった。初めの年は日に何台かのトラックが通るだけだったのだが、交通量はすぐに五〇〇〇台にまで達した。騒音は山腹の海抜二〇〇〇メートル地点まで鳴り響き、公害は危険域に入った。谷のすべての農業は活動を停止した。残った土地は不動産業者に買い取られた。夕方、ねぐらに帰る牛たちの鈴の音も、人々が振ったり研いだりする大鎌の音も聞こえなくなった。

私が村というものについて持っていたイメージの何かが壊れた。もう村を示す目印はどこにも見当たらない。自分の子供時代の場所で私は異邦人であり、ただ思い出と夢の中だけで昔の場所を生きることになった。

もし、自分たちの谷を護ることを知っていたモンブランの向こう側の賢いイタリア人たちのようにしていれば、道路は谷の真ん中を通るのではなく山腹の高いところに作られたに違いなかった。

この暴挙を忘れるため、私は山の中に逃げ込み、昔の景観を持ち続けている他の谷を見に行きたくなる。スキーやハイキングで、ヴァレー地方やアオスタの谷へ行く時、過去や土地の記憶や習慣への深い繋がりを大事にしながら近代化を取り入れ進化した村を見て本当に嬉しく思った。そこでは心が鎮まるのを感じ、平穏な気持ちになった。もうほとんど忘れていた干し草の匂いを嗅ぎ、牛たちや教会の鐘の音を聞いた。私は静寂を再発見した。それは遠くの谷川の流れに破られる程度の静けさで、今でも自分の子供時代と同じように、人通りのない道や村のすぐ脇を眠った蛇のように曲がりくねった小径を見ることのできる村人たちがうらやましい。

私はつねに自然のそばで生きてきた。子供時代は畑、森、氷河の端、そして渓流などを駆け回ってきた。これらの環境は変わらず、私が生きている間はずっと続いていくものと思っていた。そして、その永続性に問題が生ずるなどとは考えたこともなかった。

ところが、最初に私の兄弟たちが被害者となった川の汚染があった。この事件で私は流れる水の清潔さに疑いを持つことになった。

また、アメリカの若いボーイスカウトをレム針峰に連れて行った時、見たことは印象に残った。登った帰りにレムとプティ・シャルモの間にあるキレットで一休みをした。その狭いキレットには錆びた空き缶やゴミが散らばっていた。すると、何も言わず、まるでそれが習慣でもあるかのように、ボーイスカウトの若者たちはそれを自分のザックに入れ、それから三時間かかる谷まで担いで下りたのだった。当時、エコロジーという言葉は知られていなかったが、小さなこととはいえ、気持ちのいいことだった。

大きな道路の建設はそれまでの環境に対する考えを決定的に変えた。それ以後、自然保護の考えが定着し、時間とともに、地球のそして身近では我々の氷河の温室効果による影響が顕在化することによってさらに強くなっていった。

時が経って、一九九〇年のある日、国からトンネルを二本に増やすという計画が持ち上がった。この世界最奥の一つである、狭い谷で、特殊な高層気象を持ち、二世紀前からほとんど観光によって生活してきたところに、一日五千台のトラックが通るだけでは足りないというのだ。自然破壊の度合いをさらに高める必要があるというのだ。十三の提案がなされた。その中で一つだけ、もっと標高の低いところでの鉄道のためのトンネルの計画があった。しかし、それは単に人々の不安を鎮めるためのものでしかなかった。

いずれにせよ、それはあまりにも乱暴な計画だった。私はガイド仲間のドゥニ・デュクロワと、レズーシュ村およびセルヴォッツ村からの他の三人と一緒に《モンブラン地域保全協会》を立ち上げた。我々の活動を政府やヨーロッパの各機関に知らせる最初の努力をした後、同様の目的で活動しているフランスや他の国のグループそして一般大衆の注目を集めるため、私としては最も気の進まない方法ではあったけれど、協会の副会長として、主要道路の閉鎖を数回やった。

活動を始めた最初から、政府や運送業界に立ち向かってもどうにもならないと考えているシャモニーの一部の住民の疑問や、一般的な無関心、敗北主義、行動を起こさない人たちの批判、そして我々の行動が権力にたいする挑戦と考える市議会の敵意などと相対さなければならなかった。しかし、これらの態度は我々の協会が選挙の際に多くの賛同者を得た時から変化していった。ただ、この谷の上部の人々は我々の活動には無関心だった。まるで、チェルノブイリの放射線に汚染された雲が我々の国の国境で止まると考えているかのようにトラックの排気ガスが我々の谷の入口で止まると思っているようだった。

ガイド祭りの折、出席した当時の首相に私は個人的に活動の報告書を手渡した。彼は私に実際に何を要求するのかと尋ねた。それで「我々はシャモニーの谷に国際運輸のトラックがこれ以上走って欲しくない」と言った。

彼は腕を拡げ、「大げさなことを言うんじゃない」と答えた。

そして、現在もそのままになっている。


こうした活動の間中、私は別に何のつらさも感じなかった。反対にいい経験をしたと思っているし、自分がかたく決心した道を行くためには逆境の中でも信念を貫くことを覚えたし、事の進行の遅さに熱意が鈍ったり、疲れ切ってしまった時には次の人たちに引き継ぐことを知った。

戦いは終わったというにはまだほど遠い。二本目のトンネルという怖れは国際流通の圧力の下にふたたびよみがえりつつある。この谷とその山々の美しさが好きな、そして破壊が取返しのつかないことになるのを何としても止めたいもっとたくさんの人々に動いてもらうことが必要になるだろう。

窮乏の頃

第二次世界大戦中およびその直後、我が家の経済状態はひどいものだった。山登りに来るお客はいず、ガイドの仕事はなかった。父親は対ドイツのレジスタンスに参加していて、母が我々を食べさせるためにやりくりをしなければならなかった。誰も助けや援助を期待しなかった。自分たちでなんとかするより仕方がなかった。幸いにして、うちは何頭かの羊を飼っていた。それは夏の間山に放牧され、最初の雪が来る前に谷に下した。肉は塩漬けにして保存した。

人は子供の頃、まだ自分が何者だかも、何が問題だかも分からない。両親の言うことは聖書の文句のように絶対だし、彼等のすることはすべて当たり前の事だと思っていた。

家から数十メートルのところに、蛙のたくさんいる池があった。私にとって、そこは驚きと発見の場所だった。そこには生命が満ちあふれていた。水の中を滑るように泳ぐ黒イモリがいたし、後ろに光のあぶくを引きながら横切るゲンゴロウ、水面をスケーターのように走るアメンボウがいた。

春、雨のよく降る時には蛙が群れていた。我々はそれを熊手で集めて捕って、たくさん食べた。また、それを一ダースずつ柳の枝に刺して、小遣い稼ぎにシャモニーの肉屋へ持って行った。

一番嫌だったのは、頭を切って、手袋をひっくり返すようにして皮を剥ぐ作業だった。今でも地面に山になった蛙の頭や、その卵、そして頭のない胴体が思い浮かぶし、その頭のない蛙が逃げるかのように跳ねるのを思い出すと寒気がする。蛙捕りは池にヒキガエルがやってきて、岸に白や黄色のキンポウゲの花が咲く頃には終わりを告げる。

池のまわりには葦がびっしりと茂って、その中に蛙やオタマジャクシを狙ってシマヘビがやってきた。父はそれを捕まえた。一番長いのは一メートル二〇あった。母はそれを輪切りにして鍋に入れ、クールブイヨンをつくった。我々はそれを切り分けて食べた。味は鱒のようだったが、背骨のまわりにはたいして肉はなかった。

それなりの準備と料理をすれば何でも食べられた。そんなふうで、冬、みんなが集まる夜には我々は時々猫を食べた。肉のくさみを取るために皮を剥いだ肉塊を二、三日凍る外の冷気に晒しておく。肉はウサギの赤ワインの煮込みに似ていた。

同じようにして、マーモットも食べた。それは冬眠に入る前、トゥーサンの山へ掘り出しに行った。

これは簡単ではなかった。まず、岩のない場所にある巣穴をさがさなければならない。そうでないと、掘れないからだ。我々のいつもの場所はひじょうに急な凍ったクーロワールの上部にあった。そこでは、軽く足を滑らせただけで致命的となるが、そんな場所へ出かけることで、山の住民の足は鍛えられる。草付きの斜面で隠れ家が見つかると、次はその坑道を探る。マーモットが残した草の束を辿りながら掘り進め、寝床を探り当てる。それから、一匹ずつ背中を捕まえて取り出す。まだ、完全に眠っていないマーモットに噛みつかれることもある。

今では完全に禁止されているこの狩猟は肉の供給にもなったし、十九世紀にフランス中を廻ったマーモット使いに売ることもできた。その捕獲数はひじょうに限定的なものだったから、中級山岳でのこの齧歯類の数が危機的になるということはなかった。

我々の食事のベースはジャガイモだった。パンの代わりで、パンを食べることは稀だった。朝食にはジャガイモを二つに切って、自家製のアンズジャムを塗って食べた。それは美味しかったが、ジャガイモは育てる時に、葉っぱの裏についているコロラドハムシを何時間もかけて退治しなければならなかった。いい思い出ではない。弟のギイと一緒にジャガイモ畑に坐って、長い時間をかけて一本ずつすべての葉を裏返して虫をこそげ落とした。取った虫は缶の中に集めて燃やした。この小さな虫が焼けて弾ける音がその日唯一の楽しみだった。

五歳になると、私は森へ木を伐りに行く父について行った。シャモニーのほとんどの住民は暖房に薪を使っていた。枯れたカラマツはすぐ伐られ、長い間枯れ木が立っていることはなかった。そのため、森は今よりも良く手入れされた。ただ、鳥たちにとっては巣作りや、虫を探すのに苦労しただろう。現在、あまり利用されなくなった森は牧草地以外のすべての場所を占領し、温暖化の影響でさらに標高の高いところまで上がっている。人は容易に手に入るこのエネルギー源の使用に戻ることがあるかもしれない。

枯れ木を集めたり、木を伐ったりする権利を得るためには、それぞれの家は共同体へ《マニ・プロデュイ》という、無償の一日の労力を提供しなければならなかった。それで、父はその一日をいつもよく行く道の修繕にあて、私を連れていった。この有益な制度は一九六〇年代に廃止されたが、他にも決められた木を伐る日があった。それは秋、樹液が下りて木の乾燥が楽になる時期に行われた。伐った皮付きの丸太は岩だらけのクーロワールへ投げ落とされる。見逃せない見世物だった。それが学校の日だと、先生は解放してくれ、我々は丸太が跳ね落ち、扇状地の下に砕けるのを見に行った。木こりにとっても、クーロワールの下を通る人にとっても危険で、当時森に行くことは戦争にいくことだ、と言われていた。現在ではもうこうした方法はとられていない。伐られた木はヘリコプターで引っ張り出され、ケーブルで谷へ運ばれる。

こうして、公に木を伐る以外、私の父は家のためと売るために薪を作った。我々は朝早く、山の南側の斜面を登った。途中で太陽が上がり、マムシも目覚める。道は丈の低い柳の枯葉に被われ、その朽ちた強いいい匂いがした。森は葉を落としていたが、父は時々緑のトウヒを伐るという危険を犯した。それは軽犯罪だったし、森林監視員に密告するために双眼鏡で山を見張る暇人もいた。そうした人に見つからないためには、もっと早く起きなければならなかった。いつでも、どこでも敵にあなたを売り渡す輩はいるものなのだ。

昼頃、休憩になる。この時、トムという地元のチーズを食べ、赤ワイン入りの紅茶を飲むのが昔からの決まりだった。実際にはそれまでに三本か四本の木を伐っていた。仕事は両端に柄のついた大鋸を二人で引いて行う。長い間やっていると、疲れて、自分の側に刃を引くのが難しくなる。トウヒは倒れる時、大きな音を立て、他の幹とこすれてピンク色の埃を上げた。

むかし、カラマツを伐りに行ったのは、バニアの上にある山影の森だった。そこは雪崩を防ぐために伐採が禁止されていた。一年のこの時期太陽は木々の頭しか照らさなかった。森の中にはもう冬を思わせる冷気が漂い、湿気が多かった。時には、一日中霧のような雨につつまれた。まわりの木々は霧の中に溶け込み、遠くにあるように見えた。また、昼頃南から風の吹くこともあった。そんな時仕事は中止になった。強い風で木が倒れたり、枝が落ちてくるからだ。トウヒの中を通る風の音は印象深く、子供の頃それを聞いたことがあれば人は生涯森を忘れることはない。

冬がくる前、父は作った薪を丁寧に家の前の囲いに積み上げた。父が死んだ後、彼が積んだ最後の薪の山を崩し、燃やすのは悲しかった。時々、私も自分の積んだ最後の薪の山を思い出すことがある。

山へ上がるこの作業をとおして、私は木を伐る仕事が好きになった。森の中を歩き、登っていくと二〇〇〇メートルの標高の上には低木帯があり、牧草地がある。十一歳頃からは父親のように、一人でまたは兄弟で、村の上にあるエピネットのクーロワールへセイヨウハンノキやシラカバ、トネリコなどを伐りに行った。伐った木は漏斗状の急な斜面に投げた。下でそれを拾って、また投げ、それを繰り返した。今日では、この雪崩の通り道のクーロワールはまったく使われていない。そのため雑木にすっかり被われて、こんな作業はできなくなっている。我々はまた、トウヒの若い木を伐った。材木屋へ売るためで、材木屋はそれを別荘の敷地の境の杭にしていた。

それからさらに何年か経つと、現金を稼ぐために友達とまだ緑のトウヒの成木を伐りにいった。やるのは秋、夜、雪の降った後だった。雪があると森の中でも少し見えて、また木を降ろす時の音も消してくれる。我々はこの湿気の多い時期の谷を埋める霧も利用した。それは森へ入るのを隠してくれる。我々はうっすらと見える、トウヒの黄色い針のような葉が敷き詰められた雪の道を歩き、森へ入った。森は我々の上で口を閉じ、我々を隠し、護り、共犯になってくれる。我々は森と一体となり、森が立てる音と新雪につけられた動物たちの足跡と共に森の優しさの中に入っていった。

夜が下りると、何日か前に目星をつけておいた木を大鋸で伐り始める。仕事は退屈だが、急な斜面の中では足元がはっきりせず、足場が崩れると位置を変えなければならない。時々、地面に仰向けになって休む。木の上の方から雪の粉が空気の流れに乗って舞ってくる。

最後に木は大きな音をたてて倒れる。枝は砕け、雪の煙を巻き上げる。それから、枝を落とし、四メートルくらいの長さに切る。それを木こりの鳶口を使って、すぐそばのクーロワールへ落とす。下では最後の仕事が待っている。森林監視員に見つからないように枝でそれを隠すのだ。後から材木商がそれをこっそり見にくるのだが、違法に伐られたものと知っているからひどく安い値しかつけない。また、時には我々が伐った木を監視員が見つけると彼らの印をつける。これはもう触るわけにはいかなくなる。

　我々の向こう見ずな行動は朝の最初の光がシラカバの霧氷を青く光らせる時に終わる。汗と霧にびしょ濡れになって家に帰ると、それから疲れたまま学校に向かうのだ。

迷信

　子供時代には、知らない世界や不思議な力に対する好奇心がたくさんあった。私の家では神秘というものを信じていた。隣のフォーシニー村に叔母が住んでいたが、夏休みに行った時、彼女の家のすぐそばで起こった不思議な話をしてくれた。それは呪われた家族や、人や獣に起きた不運な出来事だった。彼女のそうした話は、だから呪いを遠ざけるために宗教や祈りの力が必要だというのだった。叔母は夜、シェッドゥの工場から立ち上る巨大な光が悪魔や悪霊の仕業だと話した。彼女が実際にそれを信じていたかどうかは分からないが、おかげで私が夜を眠れなくなるには効果があった。その上、煙突から入って窓から出ていった雷の話はさらに私の不安を増大させた。おばあさんたちが語るそうした話は夜の集まりでの会話と同じようにテレビの到来と共に終わりを告げた。

　私の母はとても縁起を担ぐ人だった。彼女にとってはすべてが運命のようなものだったからだ。彼女はそこから、今日起こったことよりもっと悪いことだって起こりうる、という大きな楽天的運命論を引き出していた。彼女は非日常的な現象にひじょうに敏感で、モンブラン・デュ・タキュールでの事故のすぐ後では、空に大きな十字架が現れるのを見たと言った。それは、ちょうどウインパーがマッターホルンの悲劇的初登攀の後で見たのと同じようなものに違いないが、彼女をひじょうに不安にさせた。

いろいろな出来事に関して、私は同じような運命論を母から受けついでいる。そして、高山での行動では、その考えをさらに強くしたのだった。

場所に付けられた名称も谷における神秘をそそるものだった。ボソン氷河のモレーンに巨大な〝聖霊の石〟というのがあってその上に十字架が立てられている。そこは避けて通ることになっていた。その少し上には巨人ガルガンチュアが坐ったと言われる岩があった。巨大な尻の跡と思われる凹みがあるからだった。赤い針峰群から落ちてきた大きな岩の塊には、〝四時の石〟というのがあった。それは特に我々子供たちの好奇心をそそった。家から十分ほどの雪崩溝の下にあって土砂に被われていたが、そこには宝物が隠してあるというのだ。父がそこは四時になると入口の扉が開くと言った。それで、私は何度かこっそりとそこへ出かけて行ったのを思い出す。

我々が森で迷う危険を避けるために、父は〝バルブエの森〟より上へは行くなと言った。それは村のすぐ上、南側の斜面にある森で、そのさらに上には〝エピネットの森〟があった。子供がその森に入るとすぐに悪魔にさらわれるのだそうだ。

たしかに、エピネットの森はいきなり雰囲気が違った。小さな子供に対して、巨大なトウヒが太い腕のようなたくさんの枝であたりを暗くしていたし、その根は皮膚に浮いた血管のように小径の上いたるところをはいまわっていた。地面はたくさんのシダに被われていて、音は森の中で吸収され、しんとしていた。枝からはカーテンのように苔が垂れ下がり、樹の幹には大きな穴があって、それらすべてがグリム童話にでてくるおとぎの森の中にいるような気にさせた。植物の圧倒的な力は我々を押しつぶし、まるであちこちから話し声やうめき声が聞こえてきて、通り抜けられない迷路のように思われた。枝の落下や、動物の鳴き声、風の音などは我々の不安を増大させ、森には本当に幽霊が居ると思わせた。

不安ではあったけれど、怖いもの見たさで、私は行くたびにすこしずつ上へ登っていった。けれども、その度に怖さに負けて、慌てて森の入り口の明るい広場を目指して戻ってきた。ある春の日、五歳か六歳だったと思うが、私はこの呪われた森を抜けてメルレの牧草地に達した。そして心が晴れ晴れとして、谷に戻る時勝利の喜びを味わっていた。

それから、何百回となく、このバルブエの森の道を歩いたが、いつもこの森が怖かったことを思い出す。数えきれないほど何度も、モンブランの正面にある展望台のようなメルレの草地に登った。そこでは春にはブルーのリンドウに被われ、秋には草紅葉が敷き詰め、そしていつも、必ずマーモットに会えた。

その後、この場所には有料の動物公園ができた。誰でも行ける場所となった。それも悪いことではないだろう。私はその金網の外側に自分用の散歩道を作っている。

森に関して私はつねに尊敬の気持ちを持っている。木々には魂があり、人がそれを伐り倒す時には苦しむに違いない、とロンサールは書いたが、私もそう思っている。私は、わざと森の知らないところへ入って、迷い、誰も助けてくれないのを知りつつ、帰り道を見つけにあちこちさまようのが好きだ。疲れて立ち止まる時、オクサリス・カタバミの花の蜜を吸ったり、ブルーベリーやフランボワーズ、あるいはクマブドウを食べる。時には、アニスの味のするコルベット・シダの根を花崗岩から剥がして、噛んでみる。秋に歩くのは楽しみで、そこには発見の喜びと肉体の歓喜がある。

また、楽しみという以上に、歩くことには回復力を目覚めさせる神秘的な効果がある。何かうまくいかないことがあると、私は歩く。ジルベール・セブロスが言うように《私は歩くことによって精神を洗う》のだ。それによって、私の感覚と想像力はふたたび力を取り戻す。

やがて、私を取り巻くあの高峰の頂きに登れなくなれば、それは残念なことだけれど、その時には、あのほとんどの頂きに立ったという満足感が残るだろう。もうあの山々の高みや、氷河の上の、誰もいない、地球の冷たさに触れる、そして太陽だけが岩を暖める、あの場所に行けなくなった時には、中級山岳がその花や、静かな美しさで私を迎えてくれるだろう。アルプの牧草地に到着する前には、朝早く、森の中で南国の鳥たちに負けないような鳥の歌を聴くこともできるだろう。

クライミングと仲間たち

最初のクライミング

私は登るのが好きだが、それは、生まれつきのものだ。三歳から、木や、木造の小屋の壁や家の大きな柱などを登った。家の外れの牧草地や、森や岩が初めての遊び場だった。そうして垂直と危険への感覚がそなわり、後にそれは私の生活の一部となった。

アルヴ川の右岸に二〇メートルほどの高さの切り立った頁岩があった。本を開いて立てたような、凹角のジェードルがあって、いくらやっても登れなかったのを覚えている。登る度に、黒い苔の生えた岩で滑り、下の道まで落ちた。コブが増えた。ある日、他のみんなをさしおいて、どうした奇跡か、私はこの難しい壁を頂上まで登り切った。そして、とても誇らしい気持ちになって、草地の帰り道を駆け下った。

我々のクライミングの一番の場所は家から数分のところにあるピエール・ベルだった。高さ一八メートルの大きな岩のブロックで、むかし氷河が運んできて、この牧草地に何世紀もの間、おきざりにされていたものだった。どこから登っても難しく、一番易しいところでも集中して登らなければならなかった。

このブロックに行くにはいつも畑を横切って行く。ある日、それに業を煮やした地主の一人がとんでもないことを思いついた。岩の手がかり、足がかりに肥しを塗りつけたのだ。

それでも、我々はクライミングをした。おかげで、私はてっぺんから頭を下にして滑り落ちた。幸いなことに、落ちたのは二つの小屋の間にその意地悪な地主が積んだ干し草の山の上だった。どこにも怪我をしなかった。まわりにはたくさんの岩の破片があったから、本当なら大きな事故になるところだった。当然ながら、仲間たちはこの墜落を見て大笑いをした。

とりまく環境が私をクライミングへ向かわせたのだが、それだけではなかったと思う。一緒に岩登りをした村の他の子供たちがその後、みんな山岳ガイドになったわけではないからだ。

家で、我々はザイルの山やピッケルの中で暮らしていた。父は子供たちに山の話をしてくれた。残念ながら、しばしばそれは悲劇的なものであった。しかし、そうした中で、私の子供時代は山の方へ方向づけられたのだろうと思う。本能的にかあるいは遺伝的にか、私はこの環境に馴染み、私の人生の出発点となった。父親が興味を持つものに私も興味をそそられた。たぶん、他の若者たちよりも人生の悲劇的な側面に苦しめられたかもしれない。しかし、自分の普段の能力の限界を推し進める努力をすることで、この不安の重みを軽減することができたのだろう。私は孤独な努力を大切にしたし、疲労を喜んで受け入れた。それに山は私の内気さや反骨精神、そして自由への渇望などにぴったりの無二の環境を持っていた。

兄弟の中で、父の職業であったガイドの職を選んだのは私一人だった。クライミングの楽しみはもちろん、自然に私を山へと向かわせた。シャモニーでは、登ることはつねに必要で、太陽は上にある。光のある方へと登りたくなるのは当然のことだ。この高みへの誘惑は他の何ものにもまして垂直を選ばせる。

私はクライミングが好きだが、弟のギーはむしろスキーだった。スキーが私には向いてないと理解するには少し時間がかかった。国道から跳びだすジャンプの競争をやっていた時、彼はもう何メートルも私より距離を伸ばしていた。私はこの競争に勝てないことに怒り心頭だった。ボソン氷河の脇に雪を積んで作ったジャンプ台での飛び比べでは彼は他の誰よりも遠くまで飛んだ。それで、間もなくして彼はフランス・ナショナル・チームの一員になった。私もこのスポーツは好きだったので、なんとか続けていこうと頑張った。弟や他の仲間に押されて、怖気づいたところを見せたくないので、私はボソンの大ジャンプ台から跳ぶことになった。跳びだす技術もないままスタートした。そして、腹に恐怖を抱えたまま六〇メートルを飛んだ。そして、着地で転がり、さらに二〇メートル滑ってやっと止まった。

私にとって、スキージャンプはアルジャンチエールの大会で終わった。飛躍に失敗して、私は腹から着地し、斜面を転げながら落ちていった。下で倒れたまま呼吸もできず、起き上がることもできずにいると、弟が私をピストの端まで引きずって行きながら、言うのが聞こえた。

「起きろよ！　みんなが見てる前で地面に転がったままじゃ、恥ずかしいだろう?」

残念ながら、その後、私は身体とスキーを空気に預ける、あの素晴らしい感覚を味わうことはなかった。

スキー

子供の頃、畑の中に積もる雪は今より多かったような気がする。あるいは我々が小さかったせいかも知れない。ないしろ、ラバに引かせた馬鍬《まぐわ》が雪を掻いた後、道の端にできた雪の山からやっと頭が出るくらいだったのだから。家ではしばしば雪崩の危険が話題になった。たしかに、斜面のあちこちで今よりひんぱんに雪崩が起きたような気がする。十一歳の時、となりのタコナッツ村に巨大な雪崩が落ちたのを見た覚えがある。それはヒマラヤ級の大きなものだった。なにしろ、標高四〇〇〇メートルで起きて、標高一〇〇〇メートルの谷まで落ちてきたのだから。空気に混じった雪粉は対斜面を一キロメートルの高さにまで舞い上がった。大きなカラマツが根っこごと抜かれて、ずっと遠くまで運ばれていた。

冬の訪れは待ち遠しかった。それは、ある朝、山腹に低くかかる冷たい霧と共にやってくる。そして、畑は一日中露を帯びる。空は青く澄んで、山が手に取るように近く見える。北向きの斜面では湿気が春まで居座る。雨は降ると凍った地面に触れてすこしずつ凍ってゆく。そして雪がやってくる。空がミルク色になり、誰もが、「雪の匂いがする」という、特別な匂いがする。

最初の雪片が風に舞う。渦巻く風に乗って、軽く、地面に触れても跡を残さず消える。

雪が積もると、村の子供たちは時間を忘れてそり遊びをする。やがて、月がでて、星々は凍った光の中に消えて、帰り道では雪の粒が無数の小さな光のきらめきになる。

一九二四年の最初の冬季オリンピックに作られたボソンの大ジャンプ台でのジャンプ競技とカンダハー・スラロームを組み合わせた競技会は冬の間の最も大きなアトラクションだった。入場料を払わないため、我々は深い雪をかき分け、森の中を通る回り道をしてレースを見に行った。クレベール・バルマの引退前の最後のジャンプを見たし、ジャム・クテとレジー・シャルレが二人して谷へ向かって飛び跳ねながら滑降していくのも見た。

現在のスキー用具と較べると、私が最初に使ったスキーなどはノールウェーの沼地から出てきたばかりの化石のように見える。アッシュウッドのあんなに長いスキーで深い雪の中を良く曲がれたものだと思う。締め具はスプリングコイルのついた金具で、靴は紐で締める革製のものだった。そして、それにはよく雪が入った。だから、家に帰り着いた時には足はびしょびしょで、できた霜焼けは冬の間中治らなかった。

スキーには、良く滑らせるため、そして板の裏に雪がくっつかないようにミツバチのロウや、レコードを溶かして作ったパテを塗りつけた。効果があったかどうかは疑わしい。

リフトは二か所にあるだけだった。一つはブレバンで、これは太陽がいっぱいのコースだったが、難しかった。もう一つはレズッシュのベルビューにあった。けれども私の小遣いでは一回乗るだけしかできなかった。あとは、シャモニーの近く、クリに、テレスキーがあった。そこは急で、凍っている時は怖かった。転んで他のスキーヤーにぶつかる心配もあったが、それよりも、そこの支配人から

「もし立って滑れないのならこんなところへ来るんじゃない」と言われるのが怖かった。

学校以外ではほとんどの時間、モンのそばにあるピストで過ごした。そこは北向きで、冬の間太陽を見ることはなかった。リフトがなかったので、歩いて頂上まで行き、午後に一本滑れるだけだった。残りの時間は下にある小さなジャンプ台を修理し、そこで遊んだ。いつもエネルギーを完全に使い果たすまで遊ぶものだから、家に帰った時は何をする元気もなかった。この斜面では毎木曜日、スキーインストラクターによる講習を受けることができた。当時のスキー技術は〝アジュヌイユマン――膝を深く曲げる〟ことだったので、我々はインストラクターの前を滑らされ、膝を十分にまげていないものは、型通りのフォームをとるように、膝の後ろをストックで叩かれた。

私がインストラクターの試験を受けようと決めた時、どんな種類の雪でも転ばず滑ることができたが、そのスタイルは褒められたものではなかった。のちに、世界チャンピオンとなる、シャルル・ボゾンが、アドバイスをしてくれ、スラロームで練習するといいと言った。それに忠実に従ったおかげで、試験には合格することができた。

スキーは素晴らしいスポーツで、誰もが美しい雪景色の中を自由に滑り、まるで生き返ったような気分になれる。私はずっとスキーを続けていたいと思う。

ボソン氷河にて

一九五一年、両親がボソン氷河の左岸に氷河見物のための氷穴と茶屋を始めた時、私は十一歳だった。兄弟と私にとって夏休みなどは問題外だった。学校が終わると、すぐに仕事を手伝い、氷穴の案内小僧をやらされた。その茶屋へ行くには、二世紀にわたってラバが付けた森の古い道を小一時間ほど登らなければならない。嵐のきたある夕方、とても暗くて、しかもランプなしで父と共に小屋までいったことがある。盛り上がった道の端に光る虫がいて、それに沿って歩いたのを思い出す。

一九四〇年の最後の前進以来、氷河は年ごとに容赦なく後退している。そして、両岸に高いモレーンを築く。我が家が小屋を開いた頃、氷河の先端には薄い氷舌がまだ谷の中いっぱいに広がっていた。けれども、もう後退が始まっていて、土の色をした小さな湖ができていた。ツーリストのために茶屋からは氷穴まで細い道がつけられていたが、それは毎年六月、夏の観光シーズン前に作り直さなければならなかった。また、強い雨を伴った嵐が来る度に修復しなければならなかった。氷穴は一世紀前から観光客に氷河の内部を見せるため夏ごとに掘り続けられてきた。氷河の後退が激しくなると氷穴に問題が生じた。父は氷河の溶解が続くなら、いつか氷穴の掘削をやめなければならない時がくると予見していた。同時に、氷河の側壁のモレーンが浸食されれば茶屋の土台もくずれて下に落ちることになる。すでに、テラスの残骸が一〇〇メートル下の湖のそばに転がっているのが見えた。

その頃、自由な時間が少しでもあると、私と弟は茶屋の裏の森の中にある岩のブロックへ登りにいった。金ブラシを使って、登るルートの苔を落とし、そして想像できる限りのいろいろなルートをトライした。

遊び場が仕事場

この高い場所で、生まれてはじめて本当の氷河というものを知った。これまでにも何度かタコナッツやボゾンの氷河の端に来たことはあったが、この透明で巨大な塊の正体については何も知らなかった。しかし、それからは毎年、夏になると私は氷を相手に生活することになった。そうして、少しずつこの巨大な凍った水の塊の秘密について理解するようになった。それは、固まって動かないように見えるが、つねに動き、変化し、その進路にあるものをすべて破壊する。また、突然後退して、他の危険を生じさせる。それぞれの氷河はそれぞれ異なった性格を持ち、異なった一生を持っている。

アルプスであろうと、世界の別の場所でも、氷河に登ると私は喜びの混じった感動を覚え、つねに新しい発見をする。

氷河は不確実で神秘に満ちたものだ。たとえば、氷河の下から流れ出す細流は朝は簡単に横切れるくらいだが、気温が上がり、氷が溶けだすと、ごうごうと音を立てる太い流れとなり、石を押し流し、もう渡ることができなくなる。セラックの崩壊の音が氷河の両岸にこだまするのを聞かない日はない。それは普段の緊張をさらに倍化させる。

氷は朝はブルーやグリーンの色をしているが、昼になると表面にたくさんの小さな穴が開いて、白く見える。そして、曇りの日には突然汚れたような、濁った色になる。氷河の先端の舌状の氷が後退した時、露出した岩盤の曲線の上に斧の形をした古いピッケルを見つけたことがある。それは一九世紀のアルピニストが使ったものだと思われた。そして、また他の時、古い衣服、靴、人体の一部など、モンブランで落ちた登山者の残骸を見つけたこともある。

父はモレーンの下を通る道での危険について教えてくれた。モレーンは天気の良い日にはコンクリートのように頑丈に見えるが、いったん強い雨がくると、それは土石流となって崩れてくる。氷穴の入口にもモレーンの危険がある。そこのモレーンは氷の上に乗った大きな岩の塊が積み重なったもので、太陽が昇り、氷が溶けると岩が滑って落ちてくるのだ。

危険に注意するのが習慣になると、危険というものはいたるところにあることが分かる。ある時、この道の途中で大きなブロックが落ちてくるのに、何人かの観光客が動かずにいるのを見たことがある。彼等は道の印がついているところにいるので、危険はないと思っているようだった。山では、他の場所でも同じだが、つねに自分を守ることに注意しなければならない。若者たちには、危険に対して敏感になること、そしてそれが第六感に近いものになるまで続ける必要があることを、時間をかけて教えるべきだろう。

ある日、氷穴の入口で、嵐にあった。あわてて茶屋へ帰ろうとすると、道の途中でモレーンから石の落ちてくるのを見た。それはあちこちに跳ね返りながら私をめがけて飛んできた。私は身体を二つに折るようにして全速力で駆け出した。直後、右の尻に鋭い痛みが走った。岩の破片が頭すれすれに落ちてきて、脚に当たったのだ。衝撃があまりに激しくて、私は道の上に倒れてしまった。起き上がるのはやっとだった。それから、動けることが分かったので、小屋まで這うようにして帰ってきた。

傷は骨にまで達していた。肉の一部がズボンの中に垂れ下がっていた。傷がひどかったので私は地元の医者に連れて行かれた。医者は傷口を消毒し、肉を元の場所に戻し、それを縫うことにした。痛みはすぐに耐えがたいほどになって、私は悲鳴を上げた。医者はその日、機嫌が悪かったのだろう、私の頬っぺたに平手打ちをくらわせた。それで、歯を食いしばって縫合のいつ終わるとも知れぬ痛みに耐えなければならなかった。この痛みを思い出すと、学校で先生が言っていたナポレオン帝政時代の兵士の戦場での麻酔薬なしの手術を考えてしまうのだ。

この事件以来、落石がとても怖くなり、落石がある度に無傷で切り抜けるよう、恐怖を抑えて上を見ることにしている。しかし、それにもかかわらず私はモレーンが好きだ。不安定に積み重なった岩の塊がクライマーの器用さを育てるのだし、山に住む人間の足を作り上げる。

氷河の上にある岩のデブリは山の歴史を語ってくれる。モンブラン山塊の谷やあるいは他の場所であっても、私は古いモレーンの生成過程やこれから起きる浸食の結果について推察するのが好きだ。これらの過去の痕跡は大事に保存されるべきものだと思っている。

氷の洞穴

十一歳の時、氷河に着くと、父は私にアイゼンをくれた。それは遊ぶためではなかった。私に与え

ボソン氷河、モンブラン氷穴の掘削をするクリスチャン・モリエ

られた仕事に必要だったのだ。氷河から茶屋まで水を運ぶのと、氷穴での作業のためだった。当時のアイゼンは十本爪で急な壁を登るには足首をひどく曲げなければならなかった。前爪ができたのはそれからずっと後のことだった。

水は氷河に置かれた樽に溜められ、それから茶屋まで導かれるようになっていた。氷河は移動したり、溶けたりするので、毎日、裏の斜面を登り、樽を据え直さなければならなかった。私はその機会を利用して、氷河の上を右に左に、上を下へと歩き回った。アイゼンで歩く技術は私にとって特別なものではなくなった。そうして、一人で末端の氷舌からセラックの壁を越え、五〇〇メートル上にあるピラミッドのプラトーまで行くのが習慣になった。後に、ガイド見習いの講習会で氷雪技術の試験があったが私にとっては遊びのようなものだった。

氷の洞穴は最初、古い山岳ガイドのローラン・シモンによって掘られた。そして、氷河の正面で氷見物の営業を一九四五年までしていた。彼は掘削のために特別なツ

ルハシを作っていて、誰もそれに触ることは許されなかった。誰かがそれに触って微妙な柄のバランスをくずすのを恐れて、彼は昼食に行く時もそれを手放さなかった。他人に掘削のやり方を教えるのを嫌ったので、私は彼がやるのを見て、氷河の巨大な圧力で、極度に硬くなった氷を削る技術を覚えた。隠れて、そうしたツルハシの一つを使ったこともある。それは両端が針のように尖ったものだった。少しずつ氷の組織やその方向が分かるにつれて、一撃でできるだけたくさんの氷片を削ることや、透明な氷をすかして見える水や空気のポケットを壊すとき顔に水や氷片を浴びないようにする方法を学んだ。また、氷河の圧力が氷穴の中央だけに掛からないようにするため、アーチ形に天井や側壁を削ることも覚えた。

　氷穴が完成すると、父は私を案内係にした。それは氷穴の入口まで行く観光客の手助けをすることである。ある日、私は一人の人に助けの手を差し出した。彼はそれを断らなかったが、笑い出した。それは人類初の八〇〇〇メートル峰、アンナプルナの征服者、ルイ・ラシュナルだった。氷壁技術の講習の講師としてボソン氷河に来ていたのだ。

　案内係としては氷のいろいろな性質について説明をする。中には氷穴はイタリアまで続いていると

クリスチャン・モリエと父親フィルマン・モリエ。
ボソン氷河で。1953 年：DGMB-GB

思った人がいたり、あるいは穴は石灰岩の中に掘られたものと勘違いしている人もいた。そして、透明な氷を通して、氷漬けになったアルピニストが見えるのではないかと期待した人もいた。

一九五四年、氷河の後退が激しくなって、もう最初の場所に氷穴を掘ることができなくなった。それで、茶屋を標高一三〇〇メートルの場所から一四二五メートルへ移すことになった。建物の新しい場所はすべて手作業で整地され、その資材はすべてラバで運ばれた。けれど、すぐその後、また氷河の前進が始まって、二〇年間で六〇〇メートルにも及んだ。

私は新しい氷穴を掘り、すべての氷片を運びだした。一九七九年、私の弟が父の仕事を受け継いだ。けれども、大きな嵐のあった後、氷河への道を修復するのに大変な苦労をして、そのせいでしばらくして突然死んでしまった。それは私にとっても、家族にとっても大打撃だった。

ガイドの仕事を続けながら、私はその後を引き継ぎ、一九九三年まで一人で氷穴を掘った。私の妻のジョズィーが茶屋の営業をした。しかし、仕事環境は最悪だった。氷河は後退し続けた。この世紀の最後の十年間はそれまでに観測されたことがないほど暑かった。一九九三年の夏、氷河の厚さは一八メートルも減った。そして氷の洞穴の天井に穴が開いた。それは二つか三つもあったかもしれない。なぜなら、強い嵐があった時、脇の山から流れ出た土石流が洞窟の通路を六〇メートルにわたって埋め尽くしたからだ。

この氷河はモンブラン山塊の氷河の中でも最も降下速度の速いものの一つで、クレバスは数日のうちに開いたり、閉じたりする。ボソン氷河を掘っていると、洞窟の内部にひびが生まれる時には特有の音がする。ひびができると、そこから空気が入り、あたり一面を溶かしてしまう。

氷河がその幅を狭める時にはまた別の問題が生じる。氷穴への小径に落石の危険が増すのである。しかも、カモシカの群れが上の森へ行くのに小径を通り、彼等が石を落とす。

危険がいろいろと増してきたため、一九九三年、つらくはあったがとても好きだった、この仕事をやめることに決めた。色を変化させ、音をたて、特有の匂いのする、この氷河の仕事場を離れるのはとても残念だった。

一九九三年以来、氷の洞窟はもう掘られてはいない。しかし、表面に水の流れる音がし、クレバスの中で滝の響きがこだまする氷河の生きた姿を見るととても嬉しい気がする。巨大な氷の塊は動く時にきしみ音を発し、温度が上がると両岸からは落石の音がする。嵐や落石やクレバスの深い穴のあるこの氷河のそばで私はたくさんの夢を抱いたものだった。

プリンセス・マラバール号とカンチェンジュンガ号の遭難

ボソン氷河は一日平均約一・五メートルの速度で下へ向かって動いている。それは気象条件、季節、一日のうちの時刻、全体の大きさ、増水あるいは渇水などの条件によって変化する。標高四八一〇メートルのモンブランの頂上付近に落ちた雪と岩石のデブリが氷河の元となり、一五〇〇メートル下の氷河の先端に達するまで四〇年を要する。

氷河の下から見つかった最初の人間の部分と遺品は一八二〇年八月一三日にモンブランの最初のルートから登頂を目指して雪崩に巻き込まれた、ドクター・ハメル一隊のものだった。この隊は一一人のガイドと二人の雇い主から構成されており、その二人とは、アンダーソン大佐とドクター・ハメルで当時地球上で可能な最高地点での気象実験をするためにロシア皇帝に送り込まれたものだった。彼等は新雪の斜面を横切ろうとして、ウインド・クラストした板状の雪を壊し雪崩を発生させた。不幸なことに、この標高四〇〇〇メートルの斜面の下に大きなクレバスが開いていた。大多数は雪の下から脱出することができたが、三人のガイド、ピエール・カリエ、オーギュスト・テイラッツ、ピエール・バルマはクレバスに落ち、雪崩に埋められて、誰も助けることができなかった。それはモンブランでの最初の惨事であった。

それから何年かして、一八五八年、イギリス人の地質学者、デービット・フォーブがこの遭難の場所に立ち、氷河を見下ろしながら、三人のガイドの遺体は四〇年後にボソン氷河の下にふたたび現れるだろう、と予言した。谷の人々は氷河が動くことは知っていたが、それが明言されたことに驚いた。

一八六一年八月一五日、四一年後、人体の破片と衣服が氷河の先端で発見された。それらはひじょうによく保存されていて、身元は明白だった。遭難から脱出できたガイドの一人、ジャン＝マリー・クテが不幸な仲間であることを証明した。

作家のポール・ギショネはそれについてこう書いている。

《衣服、帽子、鉄の石突きのついた杖、クランポン、ミトン、水筒、ランプなどの装備類は完璧な状態で発見された。当時の新聞の印刷は消えていなかったし、ドクター・ハメルの磁石は無傷で、水筒の蓋にはまだワインの匂いが残っていた。穴を開けた鉄の箱の中には鳥の足と翼があって、それは登頂の成功を下に伝えるための鳩の残骸だった》

ガイドの身体がこうして発見されたことは谷の人々に大きな印象を与えた。その後、人々は氷河の上に落ちたものはいずれ、いつの日か、ひじょうに保存状態の良い形でその先端に現れてくることを知った。

一八六六年一〇月一二日、二つのザイルパーティー、計六人がセラックの崩壊による雪崩で同じ場所で遭難した。そのうち二人はブロックの落下を避けることができた。ガイドが三人死亡し、遺体は谷に運ばれた。ただ一人、お客のアークライト大尉だけは一八二〇年の時と同じようにクレバスに落ちたらしく、見つからなかった。一八九七年八月二一日、三〇年後、大尉の身体の部分がボソン氷河の先端で見つかった。顎の一部についていた赤い髭で、それは彼のものと認識された。他にも身体の一部と時計、ハンカチ、小袋に入った小銭などが見つかった。これらの遺品は一八二〇年の登山者たちと同じ場所に落ちたにもかかわらず、氷河の下に辿り着くのに一〇年も早かった。そうしたものは時によって、雪崩やセラックの崩壊と共にはこばれ、その下降の速度を著しく早くすることがある。また反対に、氷河の岸寄りに投げ出されたものは中央のものより遅くなることがある。

ボソン氷河は、メール・ド・グラス氷河より傾斜が強いので、遺体が壊れずに出てくることは稀である。氷河内部の水の流れや、滝のような場所に落ちることによって切断されてしまうのである。それらは部分としては完璧に保存されるのだが、空気に触れるとすぐに分解を始める。

一九五〇年一一月三日、一〇時四三分、ボンベイからジュネーブを経由してロンドンを目指すエアー・インディアのマラバール・プリンセス号が四八人の乗員、乗客を乗せてモンブランの頂上付近に墜落した。機体は頂稜上の標高四六七七メートルのトゥールネット岩に激突し、その破片は大部分が北斜面、フランス側に散らばり、一部がイタリア側にも飛んだ。もし、もう三〇メートルほど西を通っていたなら山には接触しなかったに違いない。

救助隊がシャモニーを出発し、歩いてグランミュレを登行中、ガイドのルネ・パイヨが雪崩でクレバスに落ち、犠牲となった。

私の家では飛行機の墜落の話は二の次になった。父はこの有名なガイド仲間の死のことしか話題にしなかった。特に、飛行機の中には一人の生存者もいず、このガイドの死は無駄に終わったからだった。ルネの息子でこの時九歳だった、ジョルジュ・パイヨは後に私のザイル・パートナーとなった。

谷の住民にとって、この事件は苦い経験だった。そのため、何年か後に起きたヴァンサンドンとヘンリーの遭難の時、救助に関しては大きな議論が巻き起こった。

この二人のアルピニストの救助活動中、今度はヘリコプター、シコルスキーがグランプラトーに墜落してしまったのである。そのモーターはその後一九七三年七月、標高一四〇〇メートルのボソン氷河で発見された。一年に一九〇メートルの速さで動いたことになる。氷河での技術講習会で、私はしばしばこの遭難した機体のそばを通った。

一九六六年、同じエアー・インディア社のカンチェンジュンガ号が、プリンセス・マラバール号と同じ航路を通って、モンブランの頂稜のほとんど同じ場所で墜落した。機体はボーイング七〇七で一〇八人の乗客、乗員が乗っていた。生存者は一人もなく、今回も破片はモンブランの両側、フランス側とイタリア側に拡がった。

一九五〇年のプリンセス・マラバール号の遭難も一九六六年のカンチェンジュンガ号の遭難も少しずつ忘れられていったのだが、一九七五年の夏、私と私の弟は標高一六〇〇メートルの氷の洞穴の周囲で完全に判読可能な印刷物をいくつか見つけた。それは一九五〇年一〇月二四日にカルカッタの銀行が発行したもので、まさに最初の飛行機事故の数日前のものだった。そして、それがその後、一九九〇年まで続く、数々の機体の破片や遺品などの発見の発端となったのだった。

それから何日かして、高山警察のガイドたちが氷河先端から二〇〇メートルのところで総量一キロの手紙の入った青い袋を見つけた。それには《インド郵便局》と書かれていた。全部で二百通の手紙で封をされ、宛名は明瞭だった。すぐに、スイスの関係省庁からフランスに返還請求が出された。国際法はすべての通信文は宛先国に渡されることになっていたので、手紙はすべてベルンに返還された。こうした法律によって、これらの手紙は二十八年後にその受取人に届けられたのであった。

1950 年にモンブランに墜落したプリンセス・マラバール号の車輪。
1975 年にボソン氷河上でジェームス・クテとクリスチャン・モリエにより回収された。

一九八〇年代遭難機体の破片と人体の一部が氷河のあちこちで発見された。それはあまりに多くて、氷河末端の汚染が心配されるほどだった。この頃、氷河はまた前進を始めた時期で、一九五五年以来失っていた数百メートルを取り戻して進み、両岸の植物をなぎ倒し、あちこちで軋み音を立て、その厚さも大きく増していた。それらはあまりにも顕著だったので、観光客に向こう岸までの氷河散歩をやらせたら、という案が出るほどだった。

氷河はその素晴らしい姿を取り戻した。モレーンを一杯にし、威厳を取り戻していた。氷河技術講習会は国道から十分ほどのところでふたたびできるようになった。

残念なことに、この氷河の前進は一九八二年にぴたりと止まってしまった。そして、またもや後退をはじめ、それまで前進した分を手放し、二〇一〇年には人類の記憶上かつてなかったほどに後退した。

一九五〇年の悲劇の残骸はほとんど氷河の先端に達して、新たに発見されることは稀になった。モンブランの頂稜に激突した機体の破片の一部はイタリア側に落ちており、それはモンブラン氷河とミアージュ氷河の分岐点周辺で登山者によって発見された。

三八年後、フランス側で我々は足や手、また身体の他の部分がきれいに保存されたままのものを見つけた。一人のスイス人のアルピニストは指輪のはまったままの女性の手を見つけた。これらの遺体の破片に対するメディアの反応には驚かされた。ドイツのテレビ局が数日おきに三隊やってきて、まわりの素晴らしいセラックやクレバスには目もくれず、これらの遺体の破片を撮影した。

一九七〇年以降、プリンセス・マラバール号の破片、特に着陸用車輪が、ヴァンサンドンとアンリの遭難救助の際に墜落したヘリコプター、シコルスキーの破片と共に発見された。そのエンジンは氷河の先端舌のモレーンの泥の中で見つけられ、軍隊が回収していった。

一九九〇年以降、シャモニー側のボソン氷河で発見された機体の破片は一九六六年に落ちた二番目の飛行機のものとされた。ところが驚いたことに、二〇〇六年七月一〇日、標高一七〇〇メートルの氷河の上で私は一九五〇年一〇月二七日付の一通の手紙を見つけた。これは一一月四日に墜落したプリンセス・マラバール号のものであったことが分かる。また、右岸の方へ数十メートルのところで、スーパー・コンテレーション機、つまりプリンセス・マラバール号のエンジンの一部が見つかった。二十五年前、私はそれと同じものを氷の中から掘り出したことがある。だから、それは氷河の前進の予想を決定的に覆すものだ。それらの破片はモンブランの下のどこかで止まっていたのに違いなかった。

ボソン氷河と遭難したインド航空プリンセス・マラバール号のエンジン：S

私の住んでいるところからは一時間ほどで氷河の向こう岸まで行けるのだが、それは私にとっては楽しい散歩だ。それで、この二つの事故のたくさんの遺品を集め、その発見場所と日時を記録した。ブロンズ彫刻の片腕とか貝殻などいろいろなものがあった。それらで氷河の下降速度を測ることができた。それに、機体のブラックボックスを発見できるのではないかという期待もあった。いろいろな噂も飛び交っていた。金や宝石にまつわる話もあった。ヴァロー小屋の近くで金塊が見つかったとか、そっちの方へ登った人が急に金持ちになったなどという話がまことしやかに噂された。二番目の飛行機に関しては、その到着に合わせて一台のバンが空港で金塊を積むために待機していたのだ、という話まであった。それらは根も葉もないものだが、人々を氷河へ向かわせるには十分な動機になった。山岳警察のヘリコプターが氷河の上を地面すれすれに飛んだりしたことがこれらの噂に信憑性を与えた。けれども飛行機に金が積んであったかどうかなどは誰にも分からなかった。地元のアルピニストの一人がそうした宝探しの最中に死んだ。ボソン氷河の氷は特に固く、ほんのちょっとの油断でも容赦してくれない。

私は財宝は見つけなかったが、この素晴らしい氷河の上を歩き回ることは大きな喜びだった。悪天候の後、氷河を歩くと見える、翌日の好天を約束する黄金色の神秘的な光の帯が私にとっての宝物だった。

拾ったザック

二〇〇七年八月一〇日、私はピラミッドの台地状氷河を右岸から左岸に渡り、ボソンの茶屋を経由して下るつもりだった。いつも上りに使う道は、氷河の後退による落石が多くて危険になったので、その下に自分でセイヨウハンノキの茂みを切り開いて自分用の踏み跡を作った。それを辿って氷河に下り、時間をかせぐことにしていた。

中級山岳では私はしばしばカモシカのケモノ道を利用する。ケモノ道は何度も通るうちにやがて小径となり、通行しやすくなる。今日は反対にケモノたちが私の道を利用しているのを見て嬉しくなった。

アイゼンの爪を減らさないために、氷河の縁までモレーンの上を歩いてそれからアイゼンを付けた。五〇メートルほど行った時、右岸の高いところから何トンもあるような大きな岩のブロックが飛び跳ねながら落ちてきた。落下方向はずっと離れていたので、私は安心していた。ところが、ブロックは突然進路を変えた。そして岩壁を離れ氷河の上を巨大な氷片の雲を巻き上げながら私の方へ突進してきた。私には何メートルかを走るだけの時間しかなかった。さいわいにして、ブロックは私の直前で止まった。動きが収まると、自分が危険を軽く見ていたことが分かった。それで、雪崩の跡で黒くなっている氷河の中央にルートをとった。積み重なった氷はまわりの花粉や埃を溜め込むので黒くなる。それに反して、デブリ混じりの雪解け水の流れるところは磨かれてツルツルしている。こうした場所ではセラックの崩壊がひんぱんに起きるので、横切る時は必ず双眼鏡で五〇〇メートル上にあるセラックの状態を観察する。ほんの少しでも動く氷があればそれは大きな塊が動き始めている証拠だからだ。

氷の端の暗い場所で私は黄色のザックを見つけた。それはひどく傷んでいたが、まだ閉まっている雨蓋のポケットにパスポートが入っていた。G〇七六四四三四番、一九七二年四月一七日発行で、一九七七年四月一七日まで有効だったが、一九七七年二月二八日に一九八二年二月二八日までに延長されている。そしてまた、オーストリア・アルパインクラブの会員証があり、名前はドクター、ゲルハルト・スピテラーとあった。貼ってある所有者の写真もはっきりしていた。その人は若そうに見えた。一九三一年九月二四日、ウイーン生れ、身長一八三センチメートル、眼は灰青色。眼鏡。職業は教授で研究者。

このように氷に閉じ込められていたものはたいてい、飛行機の乗客か登山者のもので、私はすぐにモンブランかモン・モディで遭難したアルピニストのものだと考えた。下山すると直ぐに、私は高山警察隊の事務所に出かけて行ってこのことを報告した。一週間ほど経ったころ、警察隊の一人が、この地区で行方不明になった十人ほどのリストの中にこの名前はない、と教えてくれた。それで確信のないまま、私はパスポートにある住所に手紙を書くことにした。二週間後、まったく予期していなかったことで、ひどく驚いたのだが、私は英語で書かれたオーストリアからの手紙を受け取った。その人はこのように書いてきた。

《あなたの手紙は私にとって大きな驚きでした。私は一九八〇年七月一七日、一人でモンブランに登りに行きました。帰路、霧が出て眼鏡が曇ってしまい、私は道に迷い、二百メートル墜落しました。落ちた時に時計、ザック、ピッケル、手袋、眼鏡などすべてを失いました。怪我をし、垂直の氷の壁を登ることは不可能でした。助けを呼びましたが誰もいませんでした。それで一晩を氷の中で過ごしました。翌朝、悪天候の中、二人の勇敢な高山警察の人、クロード・カルリと彼の同僚が私を見つけ、山小屋まで下ろしてくれました。そこでもう一晩過ごし、次の日、ヘリコプターでシャモニーの病院に運ばれたのです。それからもう三十年が経ちます。あなたが私のザックを見つけてくださったのは奇跡だと思います。私は現在七十三歳です。私のモンブランでの軽はずみな行動の話と共に私のパスポートと山岳会の会員証をシャモニーの博物館に収納していただくのがいいかもしれません。……》

私はセルヴォッツ村のそばに隠居しているクロード・カルリと連絡をとった。彼はそのとっぴょうしもない救出劇について語ってくれた。

「六月一七日の日暮れの頃、数人のアルピニストがモンブラン北壁の下の方から助けを呼ぶ声を聞いたと、救助隊本部に知らせてきた。

翌日、ヘリコプターが私と同僚を教えられた地点へ運ぼうとしたのだが、天気が悪くてグランミュレの小屋より上へは行けなかった。そこから事故の場所までは遠かったが、嵐の中スキーにシールを張って出かけた。時折、雲の切れ間があって登行を続けることができた。新雪で雪崩の危険もあったが、さんざん苦労してグラン・プラトーに達し、それを横切って北壁の斜面を登りだした。何度かスキーの下で雪が崩れて小さな雪崩を引き起こした。そして、幸運にも雪の中に横たわった人間を見つけたんだ。彼はまだ生きていたが、負傷して血腫ができていた。一人では動くことができなかった。急いで、我々は彼を帆布でくるみ、雪の上を滑らせた。それも大変な作業だった。その男は大きくて、百キロはあったろう。我々は救援を頼み、高山警察から二人が駆け付け、プティ・プラトーの下で一緒になって、負傷者をグランミュレの小屋まで下ろした。それで翌日、彼はそこからヘリコプターで救出されたんだ」

たしかに彼はついていなかった。けれども同時に彼はものすごい強運に見舞われたのだ。その前の日、グランド・ボスの同じ場所で一人のアルピニストが滑落した。そして、死んだ。それに比べて、まったく偶然にこの不運なゲルハルト・スピテラーはピッケルを氷に打ち込んで滑落を止めることができた。それに彼の助けを呼ぶ声を何人かの登山者が聞いたことも幸運だった。さらに悪天候の中で救援隊が彼を見つけられたことも奇跡に近い。

私は今までたくさんの救助活動に従事してきた。しかし、彼のように御礼を言ってきたり、毎年挨拶状を送ってくれる人は稀だった。

私が氷河の上でこのザックを見つけたのも偶然が重なっていた。そこは崩壊したセラックの通り道になっていて、だからこのザックはそうした流れの一つにとらえられて、普段の氷河の移動速度より五年は早く下りてきたことになる。普通なら、それは同じ場所に二〇一二年に辿り着くはずだった。

兵役

アルジェリア戦争の最中、私に兵役の呼び出しがあった。すでに学業のためということで、一年間の猶予をもらっていたが、今度は何としても行かなければならなかった。私があまり行きたがらないので、父はこの役務は意味のあることで、各人の義務で、国に奉仕する時間であることなどを説いたが、兵舎の壁の中で二年間を過ごす覚悟はできなかった。ちょうど、兵役に行っていた兄が休暇で帰ってきて、カビール族の岩山で十三か月を過ごした話をした。毎晩アルジェリアのパルチザンが攻撃をしかけてくるのだそうだ。兄はそのせいで完全に参っていた。

それでも一九六一年九月、アヌシーの第二七山岳連隊に入隊するために出かけて行った。私の学歴とガイド見習いの証書のおかげで、昇級を目的とする部署に配属された。もっとひどい配属もありえたのだが、とにかく私は山と関係のある環境にいることができた。と、思っていた。

ところが、兵舎の四方を壁に囲まれた中で、私はすぐに牢屋に入れられたように感じた。四ヶ月間続く訓練の期間は長く、退屈で、無駄に思われた。山へ行くことばかりを考えていた。

軍隊ではタバコが配給になった。それで、私はそれを同僚の一人にあげて、その代わりに規則通りにきっちりと四角にしなければならないベットメーキングをやってもらった。私はそれが苦手で、自分でやるとできそこないのオムレツのようになってしまうのだ。訓練の最初に支給されるベルトのない制服は屈辱的でまるで異邦人にでもなったような気がした。

いつも週末に《壁登り》をして、ヒッチハイクでシャモニーへ帰ることしか考えていなかった。壁というのは、兵舎の鉄道と国道に面した側にあって、そこには山岳部隊の先輩たちが代々引き継いできた、登るのを助けるためのロープが一本隠れて設置されていた。

ある月曜日の朝、家からの帰りがひどく遅くなって、十時ころになってしまった。私が壁を登ってその上に立つと、下では部隊の全員が武器の操作訓練をしていた。全員が私を見上げて大笑いをし、それは私にとって三週間の本当の刑務所と同じ牢屋行きとなった。十月で、寒く、じめじめしていて、アヌシーで婦女暴行をしたという、とても大人しい男が一緒にいた。私の懲罰の毎日は道路のプラタナスの落ち葉を掃くことだった。それが終わると、荷物を背負って運ぶだけの作業が延々と何日も続いた。この退屈な使役のせいで私はますます無関心の中に閉じこもるようになった。

幸運にも十日ほど経ったある朝、私の部隊長が私を救い出してくれた。

「トゥールネット山に雪が来た。それで二人で部隊を連れて登りに行けるかどうか偵察に行こう」

と彼は言った。

おかげで、私は喜びで一杯になった。それは肉体的にだけでなく、心を解放させてくれた。

我々は山の最初の斜面の下まで車で行き、それから登りはじめた。ブナの森では葉先に凍った水の玉がきらめいていた。黒い苔と腐った灌木の少し刺激のある秋の終わりの素晴らしい匂いがした。私はそれを胸いっぱいに吸い込んだ。霜で硬くなった落ち葉やシダを踏むと音がして、そうして歩いているとと大きな喜びがこみあげてくるのだった。

森を抜けると、凍った斜面になり、山靴が草を分けると後ろにはっきりとした跡が残った。それから、雪と灌木の混じった斜面を横切り、新雪が深く積もった斜面に出た。白い世界への突入は私にとっては歓喜の爆発だった。太陽は輝いて、山塊の姿を青い光の中に浮かび上がらせていた。

この初雪の世界は私に陶酔感をもたらし、全力でそれに向かっていった。狂ったように最初の岩のバットレスを目指して真っ直ぐ登る。石灰岩の穴には雪がいっぱい詰まっていて、普段なら苦労するから避けるところなのだが、そんなことは問題ではなかった。私はがむしゃらに突っ込み、後退し、滑り、息を切らした。しかし、私は完全に生き返っていた。ふたたび自由になったのだ。こうして行動することは兵舎での隷属を忘れさせた。そうしたことが、私を無敵に感じさせ、疲れも感じず、標高を稼いでいった。そして、この時、山が私にとって不可欠のものであると理解したのだった。

隊長は私の踏み跡を、時折り微笑みながら着いてきた。彼も同じようにそこにいることに幸せを感じていた。彼も幾分山の人間であると話してくれた。ある時など、ラッセルの交代をしようとまで言ってくれた。もちろん、私はこの申し出を断った。

雪の張り付いた最初の岩場で、私の熱情も少しは収まっていたのかもしれないし、それにこの偵察の目的は部隊の仲間たちを頂上まで行かせることなのを思いだした。それで最も易しいルートを探した。

頂上で我々は湖と近くの山々を眺めた。この頂上にいると、隊長もその部隊から離れて、私と同じように一人の山男だった。会話を交わすと、彼はシャモニーを知っていて、いくつかの峰を登ったと言った。

下山を始めた時、午後はもう相当に遅くなっていた。このトゥールネット山の高みの光を離れて暗い谷の、あの兵舎へ帰るのは残念だった。このように山の中にいる喜びを味わった後で、ふたたびあの味気ない生活に戻るのはかえって苦痛が増すような気がした。

車まで下山して、町への道を辿る時にはすっかり夜になっていた。けれども、私は牢屋には戻らなくてすんだ。仲間たちのいる自分の部屋に戻れたのだ。

何日か後、隊長は部隊全員を集めて、アルジェリア戦争の正当性、チュニジア経由のエジプトからの共産主義の脅威について語った。そして、彼はその意見を体現するために、アルジェリア戦争へ旅立っていった。部隊全員はこの隊長がいなくなったことを惜しんだ。私は一人の山仲間がいなくなったことを惜しんだ。

訓練期間が終わった後、私はグラン・ボルナンの上にあるシネイヨンのスキー部隊に配属された。私の人生は全く別のものとなった。ほとんどの時間をノルディック・スキーの練習に励んだり、軍隊のスキー競技会に出たり、テレスキーの二機あるスキー場でスキーに明け暮れた。我々は甘やかされていた。

最終的に私はシャモニーの高山陸軍学校の教官になった。

ザイル仲間

十六歳まで私は一人でザイルも確保もなしにクライミングをしていた。絶対に落ちてはいけない集中した精神状態で自分の身体の動きをコントロールするのは大きな喜びだ。私は高い山での単独登攀はあまりしていないが、そのような方法で登ることは大きな自由を感じるに違いないと思う。

ジョルジュ・パイヨ　途切れない友情

幸いにして、一人でクライミングをしていた時期に、私はジョルジュ・パイヨに出会って彼にビレーをしてもらうことができた。彼は私のザイルパートナーとなった。ジョルジュはその数年前、父親を失っていた。父親はモンブランの頂上に墜落した飛行機、プリンセス・マラバール号の救助に向かう途中雪崩に巻き込まれたのだった。この悪い思い出は、一緒にモンブラン山塊への山行中ときどき顔をだした。ある秋の日、彼は水晶を探しにペリアードの付近に私を連れだした。そこは彼の父が子供の彼をよく連れていったルートだった。モレーンの高い場所で一夜を過ごした後、翌日、水晶のある割れ目を見つけて、ジョルジュは中へ入っていった。すると、着るものと水晶採りの道具があった。それは彼の父親のものだった。物思いにとらわれて、我々は作業を中止した。そしてお互い無口で長いメール・ド・グラス氷河を下っていった。

ジョルジュとはモンブラン山塊でいくつものルートを拓いた。二人でシャモニー一っ子のエベレスト遠征にも参加した。彼は山を良く知ったひじょうに安定したクライマーで、思いやりがあり、仲間のためなら何でもしてくれるザイルパートナーだ。

マルク・マルチネッティ　初登攀のパートナー

マルク・マルチネッティもシャモニー生れで、我々の仲間だった。その頃、彼は学生でアヌシーにいて、我々にサヴォイ地方の山や、ヴェルコール、マルセイユのカランクなどモンブラン山塊以外の石灰岩でのクライミングを発見させてくれた。

彼と一緒にモンブラン・ドゥ・タキュールの岩稜の一つを初登攀したことがある。そのルートには現在彼の名前がついている。その稜の下部は何世紀もの間太陽に焼かれたせいで岩がバラ色をしており、上部は真っ赤な血のように濃くなっている。そこを登った帰り、トリアングル・デュ・タキュールの氷を下っていると暗くなり始めた。マルクはアイゼンを忘れてきたので、私は三〇メートルずつピッチを切って彼を確保しながら滑り下ろしていた。ザイル一杯まで下ると、彼はなんとか氷の上に足場を見つけて立ち止まり、私はそこまで下りてゆく。そうして、特別問題もなく、ミディーのコルの雪原まで下りた。そこでやっと安心して、この登攀に大満足したのを思い出す。

　長い間、我々は一緒に登った。フー針峰の大きな垂直の南壁がまだ未登で、二人でそこへ登りに行った。その時、彼の冷静さが二人の虚空への致命的な墜落を救ったのだ。

　ある日、ガイド組合の事務所でリオネル・テレイが私に近づいてきて、一緒にヴェルコールへ行かないかと誘った。リオネルはシャモニーガイド組合の組合員で世界中の山々での初登の記録を持ち、特にアンナプルナの成功で有名だった。私は彼に声をかけられたことを光栄に感じたし、仲間同士の山行として彼と共に新しいルートに行けることが嬉しかった。けれども、残念なことに私は翌日お客とシャモニーの針峰に行く約束があった。なんとかならないかと考えたが、けっきょく私はリオネルの誘いを断らざるをえなかった。そこへマルクがやってきて、彼はよろこんでリオネルの誘いを受けた。

　翌日、午後の終わり、ガイド事務所で二人が帰ってこないので、現地へ行ってみなければという話があった。私も他のガイドたちとでかけた。行く途中、誰も心配などしていなくて、冗談を言い合って賑やかだった。トップクライマーの二人に何かが起こるはずはなく、たぶんどこかでビバークしているか、あるいはもう一本ルートを登っているのではないかと思っていた。けれども、岩壁に近づいた時、突然不安が大きくなった。

　夜の中、ヘッドランプのゆらめく光の中で、壁の基部から四〇メートルのところに我々は二人の壊れた身体を見つけた。たぶん、彼等は壁の上部の易しい草付きの場所で、けれどもまだ急な、ハーケンによるビレーもとれない場所で滑落したに違いなかった。その事故はそれぞれの家族にとっても、ガイド組合にとっても、そして貴重なザイルパートナーのマルクを失った私にとっても大きな悲しい衝撃だった。

ジェラール・ドゥヴアスー　並外れた才能

ジェラール・ドゥヴアスーはボソン村の生まれで、彼の両親は二〇世紀の初め、氷河見物に来る観光客のために駅前でホテルを経営していた。我々は同じ年令で、村の小学校で机を並べた仲だった。そして、その後それぞれ別の道を辿った。ジェラールは技術工芸の勉強にアヌシーへ行き、工業学校に入学した。私はシャモニーの学校で、それからファイエの高校へ行き、その後短い間だがグルノーブル大学の文学科に行った。何年か経った後、ある日偶然に彼に出会った。彼がとてもうまいスキーヤーだということは知っていたが、クライミングや山にのめりこんだことはなかった。出会った時、彼はいきなり私に話しかけ、私はその言葉の中に彼の後悔と欲求を感じた。

「お前はいいよな、岩に登って山に行けて！」

たぶん私は彼にすぐ答えたと思う。

「何言ってんだ、明日、オレと一緒にどこか、パピヨン岩稜にでも行こうよ！」

彼をいきなり、すでにかなり難しいクライミングに連れ出すというのは少し強引だったかもしれない。けれども、たいして考えもせず、私は彼の運動神経の良さに賭けたのだ。

翌日、岩稜の上部まで問題なく登ったので、次にペーニュ針峰の前衛にある小さな垂直のジャンダルムをクライミングすることにした。たぶんそこは誰も登っていなかったと思う。ハーケンの跡がまったくなかった。それに、こんな小さな意味のないところを登ろうと考える者などいないからだ。この日、ジェラールは登攀への欲求、山への熱意、そして自分を出し切ることの喜びを全身で表した。すべての箇所で彼は驚くべき巧妙さを発揮し、恐れを知らず。その熱狂ぶりを爆発させた。

何日か後、我々はミディ針峰の南壁、レビュファ・ルートを登っていた。これはその後有名になる新しいルートで、我々の登攀は四登目だった。ガストン・レビュファはこのルートを俳優でチェリスト、そして私の父の友人であるモーリス・バケと拓いた。我々が登った時、このルートはまだあまり知られていなくて、ルート図などなかった。ハーネスはまだなかったが、硬いナイロンザイルがではじめていて、我々はそれをスイスのガイド、ユベール・ピエール・クルトンから手に入れていた。そして、それを自慢してみんなに見せびらかしていた。当時はそれを腰のまわりに巻いて使っていた。私がトップで登っていたが、ジェラールが「その先はどうなってる?」と言うのを聞いて、彼が前に出たがっていると感じた。正しいルートを見つけるのに苦労はしたが、バラ色の光にあふれるこの素晴らしい岩壁を登るのは喜びだった。

頂上のすぐ下までやってきた。最後の数メートルは完全にツルツルでそこを登るのは問題外だった。ガストンはどこを通ったのだろう。探し回っていると、あまり気持ちの良くない北壁へ降りる懸垂用のシュリンゲを見つけた。それにザイルを通すと、あまり下が見えなかったのだが、私は氷が張って寒い北壁側へ降りていった。ザイルの端まで下りた時、足の先が薄い鱗状の岩の先端に触れた。ジェラールが降りてこられるように、ザイルを離さなければならない。彼は肩にザイルを回したスイス方式で降りてくる。私は鱗岩の上に立って、なんとか岩の角にシュリンゲを掛けそれにカラビナをつけてズボンに引っ掛けた。他に方法がなかったからだ。このズボンの生地はボンヌバルと呼ばれるもので、雨に濡れるととても重くなるが厚手でかなり丈夫だ。

ジェラールが下降を始めた時、私の足が滑った。ズボンが裂けて空間に落ちた。叫び声を上げる間もないくらい一瞬のことだった。私は二、三メートル下の薄氷の張った少し傾いた四角の岩の出っ張りで止まっていた。立った姿勢のまま、両手を壁につけていて、無傷だった。ショックで動くことも、喋ることもできなかった。ジェラールは何か起きたことを察したのだろう、「どうしたー？」と叫ぶのが聞こえた。

何秒かして、その場所に立ったまま、「早く降りてきてくれー」と答えた。少しでも動いたら、それは致命的な墜落になる。彼は私の上まで降りてきて、懸垂のザイルで自分をビレーし、私に何本かのシュリンゲを渡して確保してくれた。

いったい、どうして私はあそこで止まることができたのだろうか。今でもヴァレ・ブランシュへの雪稜を下る時、私はそこを見ると寒気がする。それはまさしく奇跡だった。

何分かして、気を取り直した後、ジェラールは岩角でセルフビレーをとり、ザイルを回収した。その時、私はガストンが我々のいる所までは下りなかったこと、そして懸垂で何メートルか下った後、ロープウェイの北側のテラスへトラバースしたのだと分かった。そちらの方向に何本かのシュリンゲが空間に揺れていた。この位置からそこまで登り返すことは不可能だった。私は右上の方に見えるテラスに向かって、途中の岩角にいくつかの支点をとりながら登っていった。その間、何度もどうしてズボンなんかにセルフビレーをとったのかを考えていた。最後には、他に方法がなかったのだと、自分に言いわけをして慰めた。ロープウェイの駅に着いた時、ジェラールは私に何が起きたのかよく分からなくて、今回のクライミングにひどく満足していた。もちろん、私も満足だが、最後の事件だけは忘れようがない。

この最初のいくつかの山行の後、何かがジェラールの人生の中で変化した。けっして簡単ではなかっただろうが、そして両親の反対も大きかっただろうが、彼は学業を捨て、すべての時間を全霊を込めて山とスキーに捧げることにした。進歩は早かった。アシスタント・ガイドの試験は首席で卒業し、彼はガイド組合の最も期待される一人となり、数々の難しい大きな救助活動に参加した。その後、シャモニーのスキー学校の校長を務めた。夏にはベルギーの若者たちの登山講習会を引き受けた。技術を指導し、ビレーの大切さを教え、週末にはクラシックルートへ連れて行った。残念ながらそのうちの何人かは自分の実力以上のルートに挑戦して死んだ。

そうして、疑問が生じた。我々はいったい何の役に立っているのか？　その頃、日本人たちがモンブラン山塊にやってくるようになった。最初に来た十三人は死んだか負傷して無傷で降りてきたものはいなかった。悪天候にもかかわらず出かけた東ヨーロッパのザイルパーティーもいくつかの重大な遭難を引き起こした。他にも、特にスペイン人たちが、山行にとって鉄則の時間知らず、腐った雪でアイゼンに団子をつけ、下降中の墜落事故をいくつも起こした。我々はジェラールと話し合った。そして、山へ出かける前にフランス人や外からのアルピニストたちにモンブラン山塊特有のコンディシヨンについて報せる必要があると結論した。その考えはだんだんに熟してきて、当時のシャモニーの市長、モーリス・エルゾーグと相談した。ジェラールはエベレストへ出かける少し前、アルピニストやハイカーに各種の山の情報を与える場所、高山オフィス（l'Office de Haute Montagne）の設立を決定した。その有効性はすぐに証明され、ヨーロッパのほとんどの大きな山岳基地となる町で同様のものが作られた。

チームの黄金時代

ジョルジュ、ジェラール、マルク、そして少し後になってイヴォン・マジノとフェルナン・オディベールが合流して我々のチームは出来上がった。他にも時として加わる人たちもいた。我々の間ではいい意味でのライバル意識も芽生えた。つねに誰かがモンブラン山塊あるいは他の山への山行を計画し、他のものを誘った。

何年もの間、我々は一緒にクライミングをしたり、初登攀を狙ったり、ビバークをしたり、冬にはスキー、時にはスエーデンまでノルディック・スキーの大会に出かけたりした。同時に危ない時期でもあった。わざわざ挑戦する時を除いて我々は危険など馬鹿にしていた。肉体を精一杯使うことが行動の主な動機となっていた。美しい岩壁、素晴らしい頂き、空に続くうっとりするような山稜などといった山の環境が山行から帰ってきた時の我々の会話の主題となり、クライミング中の細かい動作や苦労した瞬間などはすぐに忘れられた。私はこのようにして山という素晴らしい行動の場で経験しうる数々の可能性を推し図っていた。これらの日々の中で新しい発見や新しい景色や一生忘れないよう

若いガイドによる厳冬期登攀のはじまり。ガイド組合の前で。
左から、ジョルジュ・パイヨ、ルネ・ドメゾン、フェルナン・オーディベール、クリスチャン・モリエ、組合長カミーユ・トゥールニエ、ジェラール・ドゥヴァスー、マルク・マルチネッティ、ジャン・ファントン、イヴォン・マジノ：UBH

な感動をたくさん作ったのだった。我々はみんな谷間での生活と高みへ登った時の別世界との対比を楽しんでいた。

私はこのチームとでかけることがとても好きだった。不安や心配を持つことなく仲間を信用できる。それぞれの山行は新しい展開をもたらしてくれるし、行動の中で自分を燃焼する瞬間を約束してくれる。私はそれぞれ各人の欠点を知っていて、それらをうまく組み合わせる。認め合うことができるようになって、行動の中で怒鳴り合うことは稀になった。仲間たちの結びつきの良さは小さな不都合に眼をつぶらせる。誰かが調子がド悪くて登れない時、他のものは彼より優位に立って満足する。それは良い戦いだ。けれども、けっきょく我々はお互いに助け合うことに幸福を感じている。

各人はそれぞれガイドやスキー教師をしている。シャモニーに留まる限り仕事の口は少ないからだ。ほとんどの時間、我々はお客なしでアマチュアとして仲間同士で山に登っていた。つまり収入はないわけだ。そんな山行は新しい形で、ガイド組合の古い人たちに衝撃を与えた。彼等には経済的代償なしに山に登るなどということは考えられなかったからだ。「ジャック・バルマでさえモンブランの初登頂に労賃が払われることを約束していたじゃないか」と彼等は言う。彼等によれば、金を貰わないで山に登ったりできるのは生活に困らないパリの連中だけだと言うのだ。けれども、我々、若者はその人たちとも山に対する考え方を共有するので、お互いに尊敬の絆を結んでいた。

クリスチャン・モリエ。後ろはドリューの北壁：UBH

それらはすべて、疲れなど感じないで、ルートをやすやすと登り、仲間たちとつねに一緒で、そんなことがずっと続くと思っていた我々の黄金期だった。当時、ビレーの方法は限られていたからつねに危険はあったが、それを乗り越えるのは快感だった。それは生命を強烈に燃やす焚き木となった。

もちろん、あちこちで強いアルピニストにも事故が起きていることは知っていた。しかし、我々はそんなことにはまったく影響されない振りをしていた。そして、それらの事故は何等かのミスによるもので、運命は我々を見逃してくれると思っていた。死は我々にとっては別の世界のものだった。しかし、マルクが死んだ後、そんな自信が揺らぎ始めた。

第三章　ミディーのロープウェイ

わたしの代父と代母（洗礼式の名付け親）

山での私の人生を語る時、やはり私の代父と代母について触れないわけにはいかない。私は自分の両親からは山や森への情熱、自由や生活への愛といったものを教えてもらった。そして名付け親の代父からは学ぶことの面白さや、古典芸術、天文学への興味を教わり、自然への尊敬などを植え付けられた。

私の代父の父親、ニエーブル県生まれのルネ・オベールが一九〇〇年の少し前、ル・ファイエからシャモニーまでの鉄道を建設するために、シャモニーへやって来た。オベール氏は鉄道会社、パリ・リオン・マルセイユ社のチーフエンジニアで、電気関係の専門家だった。理工科学学校を出て、新しい電気機関車を設計し、また十三もの発明特許を取得して、それを会社に与えていた。彼は私の知る彼の息子である私の代父同様にひじょうに実直で、真っ直ぐな人だった。それを証明する文章が一九〇一年八月三日の〝モンド・イリュストレ誌〟にある。

ＰＬＭ社（パリ・リオン・マルセイユ社）はサンジェルベからシャモニーへの新しい魅力的な鉄道線路の開発に着手した。これにより、観光客はモンブランの中腹まで行くことができる。オベール氏はＰＬＭ社での最も優れたエンジニアの一人で、また同時に最も控え目な人である。この新路線のすべての電気系統を設計して、先頭車輌から後ろのすべての車輌を制御するシステムを発明した。彼は一八九五年にこのシステムの特許を取得したが、一年も経たないうちにそれを公衆の益として放棄した。私がこうした詳細を書くのはオベール氏が発明した日付と、同様の目的でスプラーグやウェスティングハウス等々の人たちが発明し特許とした別のシステムの発明月日と比較してみるのが興味深いと思ったからである。

オベール氏がこの仕事にかかっていた間に息子のマルセルはシャモニーとの関係ができたのである。彼は一八八四年、ニエーブル県のサン・レベリアンで生まれ、一九〇九年には受験の難しい高等教育機関のエコール・サントラル・デ・ミーヌ（鉱業中央学校）に入学した。卒業後、ブランズィーの鉱山で働いたが、一九一七年、事故に遭い、一年間ベッド生活を余儀なくされた。一九二一年ボークスィトゥ・ドゥ・フランス社に入り、一九四五年までそこで技術監督を務めた。

山登りが好きになった彼はシャモニーへやってきて、そこで筋金入りのアルピニストとなった。モンカール村の私の家のそばに住んでいたので、私の父が彼とやはり素晴らしいアルピニストになった彼の娘、マドレーヌのガイドをした。彼等はそうしてモンブラン山塊で大きな登攀をやりとげることになり、ラバネル針峰西壁に新しいルートまで拓いた。そして、この二人が私の代父と代母になったのだった。

マルセルはケーブルとその安全管理を専門としていたので、彼がミディー針峰へのロープウェイ建設に興味を持ったのは当然だった。この計画は二十世紀の初めから始まっていて、それはシャモニーから二キロ下流にあるペルラン村から出発して、頂上の岩の障壁の上へ抜けるというものだった。一九二四年と一九二七年に標高二四一四メートルにある氷河駅までの二区間が完成した。しかし、そこからミディー針峰の峠《コル》までの架線建設にはさらにたくさんの問題があった。一九四〇年に三六一三メートルのミディー針峰のコスミック山稜へ抜ける線が建設され、作業用の簡単なプラットフォームが作られた。そして、一九四一年一〇月に、試験的なゴンドラが運行を始めた。ガイドたちはしばしばお客と一緒にヴァレ・ブランシュへ行くためにこれを利用した。しかし、乗る前には事故が起きても責任は追及しないという書類にサインをしなければならなかった。やがて、この線は観光客をミディーのコルへ運ぶための本格的な施設に造り替えられることになっていた。

フェルナン・クラレ＝トゥールニエ、フィルマン・モリエとオベール嬢。ラバネル針峰北西稜初登の後：UBH

一九四七年三月一日、フランス山岳索道会社

（CFM／ラ・コンパニー・フランセーズ・デ・フニキュレール・デュ・モンターニュ社）はすでに始まっている事業を進めるために、マルセル・オベール氏を雇った。仕事はすでにある施設を管理し、新しい設備を組み上げることにあった。しかし、この年の夏はひじょうに乾燥していて、そのためオベール氏はこの索道で正常な運転をすることや、また特に、乗客の安全を保証するような建設は不可能だと確信するにいたった。頂上部分で、氷の張り着いた岩柱が何か所も崩壊しそうな危険な状態にあった。設置済みのケーブルにはすでに落石による傷跡があった。九月になると、頂上岩壁の下で崩壊の危険が明らかになった。オベール氏は建設の将来についてはまったく保証できないとした。彼はスイスの有名な地質学者、ウリアノフの意見を求めたが、彼もどんな補強作業をしても満足する結果は得られないと結論づけた。土木局から来た二人の検査官は現場を見て、オベール氏の疑念は十分に根拠のあるものと認めた。一九四七年九月一一日、ミディーのコルでマルセル・オベールは土木局の審査委

左から、フィルマン・モリエ、マドレーヌ・オベール、フェルナン・トゥールニエ。1935 年：H&h

古いロープウェイの建設。1927 年：APMB

員長に建設続行拒否の理由を説明した。

その時、CFFM社はすでに経済的危機に陥っており、この建設を中止することは会社を破産に追いやることになるのだった。オベール氏はひじょうに誠実で、良心的な人で、その会社を救うために、当時としては革命的な別のアイデアを用意した。彼はそれをすでに一年前から研究していたのである。それは標高一〇五〇メートルのシャモニーから二三一〇メートルのプラン・ドゥ・レギユイユへ一本目のケーブルを架け、さらにそこからミディー針峰の北峰（三八四二メートル）へ二本目のケーブルを架けるというものだった。

九月一九日、オベール氏はミディーのコルへのケーブル架設計画を放棄し、代わりにシャモニーからの新しいラインを作るという計画書をCFFMの社長に提出した。この一九四七年の秋の終わり、オベール技師は正確な駅の位置をしめしたすべての設計図を作成し、その模型を作った。それは数か月の計算作業と新しい技術の結晶であった。

このひじょうに忙しい仕事の間にも、私の名付け親であるオベール氏は私のために時間を割いてくれた。まだ年がいかなくて、私は彼のロープウェイに関する仕事がどんなものかまったく知らなかった。彼の家はすぐ近くにあったし、行けば必ずあたたかく迎えてくれることを知っていたので、よく遊びに行ったが、その度に何か新しいことを教わることができたし、世の中の分からないことにはいつも解答が用意されていた。オベール氏は電気に関する学者で、時代の科学的、技術的な新しいことに精通していたが、同時にヴァイオリンを弾き、水彩で絵を描くことができた。彼は生涯を通して数々の科学団体の仕事にアドバイザーとして参加していた。

ある時、私の父が、彼は爆弾を標的に誘導するシステムを発明した、と教えてくれた。それで、気になって、彼にその発明について質問しないわけにいかなくなった。

「あの発明はどうしたの？　フランス政府にあげたの？」と私は訊いた。

彼は優しく笑って、静かに話してくれた。そして、その後は決してそのことについては話さなかった。その時、こう言ったのだ。

「そのシステムは壊したよ。私の家は一九四〇年にドイツ軍によって接収されて、めちゃくちゃにされた。それから、一九四四年八月一六日、今度は連合軍の爆撃に遭い、私は息子と一緒に殺されるところだったんだ。だから、私はこの人を殺すための発明を誰にも渡すものかと思ったんだよ」

それから、何年か経って、アメリカ人が同様のシステムを開発した。

子供の頃、私は何回となく、スキーや、氷河のモレーンで、あるいは森で転んで怪我をし、その度におとなしくしていなければならない回復期を名付け親の家で本を読んで過ごす幸運に恵まれた。八歳の時、足を折ったのだが、その時、貸してもらった本、特に革表紙のジュール・ベルヌの本を読み終わらないうちに元気になったらどうしよう、と思ったことを思い出す。キャプテン・ネモやキャプテン・グランツと離れるのが残念だった。このとても大好きだった読書は時として、ロマンチストの代母の音楽で中断された。けれどもおかげで、クラシック音楽の偉大な作曲家に接することができ、クラシック音楽好きは今でも続いている。

アルヴ川へ向かう道で、私はよく代父を見かけた。彼は遠くからでもすぐ見分けがついた。白い顎鬚はギリシャの羊飼いのような風貌を与えていたし、杖を突いてゆっくりと歩いていた。そして、あちこちの道の端に生えている植物を眺めていた。

世界を知るためには、その果てまで行く必要はないのだ。何十メートトかの間の一歩一歩の中に、石や虫や自然の花が限りない説明を要求する。彼はそれらが標高の違いによって別の種類になることに興味を覚えていた。そして、こう言った。

「あれらの名前を知ることは、ただそれらを知ることだけではなく、それらと親密になるということなんだよ」

時々、夏となく冬となく、空が澄んでいる時、夜、彼は望遠鏡を持ち出した。我々は着ぶくれした格好で、何時間も、まだ神秘に包まれていた月のクレーターや木星の衛星を眺めた。それは星々の形成について考える機会を与えてくれたし、このすべての創造物の源に思いをはせるという、より総括的な思考をもつことができるのだ、と彼は考えていた。

少し後になって、理由は分からないが、代父が何か悲しみを抱えていると感じた。彼自身はそうしたことについて語ろうとはしなかったので、私はその説明を私の代母と、父から聞いた。


オベール氏はミディーのコルへロープウェイを架けるのは不可能と関係官庁に伝え、その代わりに、シャモニーから直接ミディ針峰へ達する新しいロープウェイのプランを提案したのだが、その後彼はCFM社がすでにそれに投資をする能力がないことを知った。会社はそれで、イタリアの銀行家、トリノのローラ伯爵に支援を求めた。オベール氏の計画を説明されたローラ伯爵はすぐさまこれに興味をしめした。

フランス山岳索道会社の社長はオベール氏にその設計図と詳細の説明をローラ伯爵に送るようにと指示した。自分の計画に情熱を傾けていたために、私の代父は何の疑いも抱かず、相手の同業のエンジニアの誠意を信じて、商業的な条件や保証もつけずにその仕事のすべての成果を提供したのだった。この仕事の開発部門のチーフエンジニアは、その後代父の葬儀の折に、代父について次のように話した。

「技術的、科学的研究を愛するあまり、また彼の父親が設計した鉄道がこの谷を活性化したように、この谷への利益を考えるあまり、残念ながら彼は自分個人の利益を守るための方策をないがしろにしてしまったのだ」

ローラ伯爵はこの第二の計画の費用を保証し、彼の会社がそれを実行すると発表した。オベール氏はイタリアのエンジニア・チーフと協力し、その共同作業は一九四九年四月まで続いた。工事のために新しい会社組織、バレ・ブランシュ索道会社（ラ・コンパニー・デュ・テレフェリック・ドゥ・ラ・ヴァレ・ブランシュ＝CTVB）社が作られた。

すると、この新しい会社はオベール氏をその仕事の責任者から外そうとした。前の会社はこの新しい会社と合併することになった。そして、ローラ伯爵は前の会社の人員を解雇するため、この合併を利用した。オベール氏も例外ではなかった。強力な広告がうたれ、この新しいロープウェイ建設の発案、設計者はローラ伯爵の会社であると発表された。

私の代父にとって、これはひじょうにつらい経験であった。後に彼はこう書いている。

《私はフランス山岳索道会社を完全な破産から救った。そして、最初の失敗作よりももっと確実性のある計画を提案したのだ。この新しい計画なくして、バレ・ブランシュ索道会社は誕生できなかっただろう。私は自分がとんでもなくお人好しだったことは分かっている。しかし、私は信義が厳格に守られる環境で、口頭での単純な約束が尊重される、という原則の中で育てられてきたのである》

その事について、関係者からたくさんの証言がなされた。しかし、それは事業の進行に影響を及ぼすものではなかった。権威ある高等教育機関、コレージュ・ドゥ・フランスの教授で、コル・デュ・ミディ研究所の副所長、カンソン氏はこう書いている。

《最初の路線を変更したのはオベール氏である。彼はその後新しい計画を作るために一冬を費やした。しかも、それは昼夜を問わぬ激務で、我々はその証人である》

また、物理学者のナジェット氏は一九四七年にこう書いている。

《シャモニーから直接ミディ針峰頂上への設計は完全にオベール氏の発案である》

しかしながら、伯爵の権力はそうしたすべてを打ち破った。ボンヌヴィルとアヌシーの土木局も、また運輸省もオベール氏からの報告書を受け取っていながら、イタリア人の公表に反論するには至らなかった。

オベール氏は自分の権利を取り返すことにした。自分の弁護士にこう語っている。

「私を排除した主なる理由、つまりは今回の裁判の鍵となるものは、実際の建設作業を監督するチーフエンジニアの私が、その性格から、誤魔化しや、費用の水増しなどに反対したことによる。ローラ・グループは単に建設のためのグループというのではなくて、工事費用の大きな部分をカバーするフランス政府の資金を自分たちの都合のいいように使う団体であったのだ。そこから、人件費や材料費を過大に見積もり、助成金の額を上げさせようとする傾向が生まれたのだ」

一九五六年七月五日、セーヌの商業裁判所は判決を下した。オベール氏をシャモニー――ミディ針峰ロープウェイ計画の設計者であると認めた。

判決文は以下の通りとなった。

《これらの理由から：

《オベールはミディ針峰のロープウェイの最終プランを制作することを可能にした基本計画の発案者である。

《フランス山岳索道会社は損害賠償費用として六〇〇万フランを支払うことを命ずる。

《オベールには自分の選ぶ五つの新聞に判決文を発表させる権利を与える。

CTVB社はこの判決に対して、控訴をしたが、一九六〇年裁判所はふたたび、オベール氏がロープウェイの発案者であることを認めた。しかしながら、会社の合併ということを理由に賠償金は二〇〇〇フランにまで下げられた。これは当時の年一〇%というインフラ率からすると、正当な金額からはほど遠い、あまりにも低いものであった。

イタリア人たちはその後、自分たちだけで建設を続けて行った。建設費を下げるために、オベール氏のいくつかのプランを簡略化した。その結果、最初に事故が一九五五年に起きた。二本のロープウェイの保持ケーブル、支索が岩に擦れて破損した。曳索ケーブルが外れ、支索と擦り合って切断したのだ。その結果、ロープウェイは一九五五年冬、運行中止となった。欠点を直すためには、オベール氏のより厳しい設計がふたたび採用された。ロープウェイは公式には一九五五年七月に運行を開始した。それはすぐに大成功を収めた。一九六〇年八月二一日には一日で五六〇六人もの乗客が乗るほどになったのである。

私の代父にとって、失望は続いた。新聞は裁判の結果をほんの少ししか書かなかったが、反対にローラ伯爵の功績を称えるキャンペーンはその極に達した。山岳ライターの一人は当時の風潮にならって、恥ずかしげもなく、伯爵についてこう書いた。
《一人の人並み外れた、高山における本当の征服者、それはイタリア・ルネッサンス時代のコンキスタドールに匹敵する……》
実際には、彼はイタリアの傭兵隊長を装った詐欺師であった。

私の代父はその苦悩については多くを語らなかった。しかし、その後、このミディ針峰の麓にいて、彼の子供たちが毎日それを見上げ、彼の仕事から得られたのは精神的な満足だけで、いかなる物質的代償をも得られなかったことを考えるに違いないと後悔したはずだった。彼は自分があんなにも熱情をそそぎ、そして失望を味わった、あの針峰が見えるこの谷を去ろうと考えた。

しかも、そうした物質的失望以上に、彼のまわりに彼と同じような誠実さや人間性を見つけられなくなった失望のほうがさらに大きかった。

彼は自然を友とするようになった。エピネットの森へ向かう道すがら、私は彼がしばしば花々に語り掛けているのを見た。たしかに、花や木や、まわりのものを彼は話しかけることのできる人と同じようにとらえていたようで、その相手は決して失望を与えないからだった。一度だけ、彼は彼の〝針峰〟について語ったことがある。

「あそこの頂きには裂け目がたくさんあって、そこには化石化した氷が詰まっている。浸食が進めば、ある日、あの施設の安全に問題が生じるだろう！」

マルセル・オベール：H&h

確かに、金銭というものは逆らい難い力がある。以前伯爵の下で働いていた者や、その子孫たちは今でもまだあの建設のプランはイタリア人のものだと言ってまわっている。私はあの偉大なロープウェイ建設に関する真実のためと、そしてまた、私の代父の名誉のために、その事実を伝えようと努力した。幸いにして、ピエール＝ルイ・ロワというライターがこの件に関して興味を示し、当時の資料をひっくり返すという困難な仕事にとりかかってくれた。おかげで、いくつかの成果を上げることができ、建設五〇周年のポスターにはオベール氏の肖像が輝かしく載せられた。

一九六二年八月四日以来、私の代父はブリニョールの墓地に眠っている。彼が職業や自分の家族に対して果たした義務や責任、無私の姿勢、隣人に対する愛、困難の中にある友人を助けたこと、宗教的信仰などは、永遠の平和の中で彼にふさわしい場所を与えているに違いない。

第四章　ガイドという職業へ

死の危険

子供の頃、死は私にとって遠いものでしかなかった。非現実的で自分とは関係のないものと思っていた。村で葬式があると、子供たちはボソン村からシャモニーまでの数キロ、葬列の先頭で大きな十字架を持って歩かされた。冬は指がかじかんだ。死者の棺を乗せたソリを一頭の老いた馬がきしむ音をさせながらノロノロと雪の上を引いていたのを思い出す。葬儀人足は黒い三角帽子を被っていて、私にとってはそれが印象的だった。うしろでは人々が湯気をたてながら歩いていた。最初は沈黙して、それから行程の中ほどまでくるとお喋りが始まった。寒いので子供たちは歩く速度を上げて列からずっと遠くまで行ってしまう。すると、すぐに一人の大人がやってきて、ぼくたちを叱った。それでまた列はゆっくりした歩調に戻るのだ。冬の間、この役目は苦行で、シャモニーの教会の鐘の音が聞こえるとうれしくなった。教会の中は暖かいのだ。他の季節では、それが朝だと、学校に行かなくていいので、単調な毎日に変化をつけてくれる。ぼくたちには大歓迎だった。

1925年ジェマン氷河で死んだスイスのアルピニストの遺体を運ぶところ：APMB

事故や死のイメージはボソン氷河で初めて現実のものとなった。この谷の古い家系ではその長い歴史のなかで、一人、あるいは数人の家の者が死や事故から逃れられなかったと父が語った。それで、これは山に住む者の宿命として続いてゆくだろうと思っていた。ここでは地形が急でたんなるキノコ採りやコケモモ摘みであろうと、狩猟あるいは林業、クライミングやオフピストでのスキーなどあらゆる活動に際して落石、雪崩、嵐、あるいはクレバスなどの危険に遭遇する。こうして死の近くにいるということは、一つの思考を形成する。これらの事故や死はそこに住む人間たちの間に、口には出さないが強い連帯感を生み出すのだ。それは、金儲けのために、そして山などには一歩も踏み入れたこともなくこの谷に新しくやってきた人たちには分からないことなのだ。

この危険の結果については、すでに子供の頃ボソン氷河で見た。すべては虚空に張り出した急な斜面に結びついている。カラマツや石楠花《シャクナゲ》の生えている氷河に削られた急な側壁での転落、氷河でのセラックの崩壊、モレーンの浮石など。私が山で最初の死人を見たのはボソン氷河でだった。私たちの茶屋の前を冗談を言いながら、笑って歩いていった登山者たちが数時間後、怪我をし、あるいは生命のない状態で運ばれてきたのだ。

夏休みをシャモニーで過ごすためにやって来た、家族の友人の一人が氷河で墜落したのは特に印象に残っている。氷河に出かける前に、その人はうちの茶屋に立ち寄り、父と過去の山行の思い出を語り合った。それから、彼はふたたび氷河を踏めることを喜んで出かけていった。それは八月の最初の頃、とても暑い日だった。氷河ではあちこちで水が青い滝となって流れていたし、波模様の氷の表面は甲虫の羽のように光り輝いていた。水は水蒸気となって立ち上がり、光を揺らめかせていた。空気は泡立っていたが、氷は晴天を約束した昨夜の硬さを保っていた。

二時間後、我々の友人と一緒に出かけた同行者が茶屋へ駆け下ってきて、事故が起きたことを伝えた。父はすぐに救助に必要な道具をそろえ、ガイド仲間と一緒に出発した。午後遅くなって、救助の一行が茶屋の上の山道に現れた。山へ行った友人はクレバスに落ちて死んだのだった。

母は私に小屋の裏へ行くように言った。けれども、私は好奇心から、そっと行列がどうなるかをのぞき見していた。二人のガイドが長い木の棒を肩に担いでいた。厚いシートに包まれ、その木の棒に吊り下げられた遺体が歩くリズムで左右にゆれていた。遺体は一度、観光客から見えないテラスの隅に置かれたが、それからまた谷へ下っていった。

この悲劇は私の胸に強く残った。山では生と死が紙一重であると証明したのだった。さっきまで私の両親と話しをしていた人はもういないのだ。

翌日、亡くなった人の友人たちが氷河を見渡すテラスに集まった。黙禱を捧げた後、みんなで声を合わせて〝これは再会のための別れ（日本語の〝蛍の光〟）〟という、この場のためには感動的な歌をうたった。それには氷河がセラックの崩壊音で合奏した。


事故に関して、父は私に、この氷河ではアイゼンをはいた瞬間から決して注意を怠ってはいけない、と話した。モンブラン山塊、特にこのボソン氷河でたくさんの救助活動をしてきた父はこの氷河が隠している罠についてよく知っていた。ある時、一人の男が氷河の右岸、氷や石がしょっちゅう落ちる斜面を登るのを父は双眼鏡で見ていた。ただ一言「自殺行為だ！」と言ったのを覚えている。それはすぐに実証された。たぶん、氷のかけらか落石が当たったのだろう、男は衝撃でバランスを失い、岩から落ちて動かなくなった。父はすぐに他のガイドに連絡をし、二人は即座に事故の現場へ急いだ。

三十分後、二人が事故の場所へと斜面を横切って行くのが見えた。二人は男のいる場所に一瞬立ち止まり、それからその身体を斜面の下へ投げると、大急ぎでまたもと来たほうへ戻っていった。

生命のない人体が、手足をぶらぶらさせながら操り人形のように岩の間を落ちていくのを見たのは初めてだった。だからひじょうに驚き、心をゆすぶられた。しかし、その後私は同じ光景を何度も見ることになる。救助する側に危険が大きい時、この方法はしばしばとられ、遺体は下のより安全な場所で回収されるのだ。

この事故の人は、シャモニーへ散歩に来たメキシコ人だった。彼は氷河の危険も山の危険についてもまったく知らなかった。観光客に山の危険をどう教えるかが問題なのだ。

私はガイドになりたかった。しかし、危険なボソン氷河で過ごした若い日々の経験から、いつまでも迷いがあった。山は私を魅了し、同時にまた恐れさせもした。一生苦しまなければならない怪我や、命を失うかもしれないことを職業にする価値があるのだろうか?

いつも諺を引き合いにだす母は「弓には何本もの弦を用意しなくては」と言う。彼女は数々の苦しい時を乗り越えてきた。ある時、父は四人乗りボブスレーチームのメンバーとしてペルラン村のオリンピックコースを滑った。そしてひどい事故にあった。ガイドの仕事はできず、背中の痛みが治るまで二年かかった。その時母は「悪魔の尻尾をつかんで引きずり出さなければ」と言った。その間、お金は一銭も入ってこなかったからだ。それは山での事故ではなかったが、もちろん山行中でも起きることだった。

ある日、父がはじめて私をクーベルクルの山小屋へ連れて行った時に起きたことも、私にガイドを職業にするものじゃないという気にさせた。それは一九五三年七月九日のことで、私は十三歳だった。

危険の匂いはモンタンベール行きの蒸気で走る登山電車に乗った時から感じられた。一九二七年にこの登山電車が一九人の死者と四〇人の怪我人をだした事故以来、ガイドたちは車内に入らず、入口のステップに留まる習慣になっていた。いざという時に飛び下りられるようにである。それで、私もステップに坐り、二つのトンネルを通る時には胸いっぱいに機関車の煙を吸い込む恩恵にあずかった。

その当時、モンタンベール駅の正面では氷河は現在と比べると一〇〇メートル以上も高く、目の前に広がっていた。クレバスがたくさんあり、山からの帰り、霧の日や薄暗がりの中では簡単に迷ってしまうほどだった。

汽車を降りるとドリューやグランドジョラス、シャルモなどの針峰が地面から空に向かって立ち上がっているのが見え、岩峰が波のように連なっているのに目を奪われる。ここでは世界の裸の骨組みを見ることができるのだ。ガイドはもうそんな景色は見飽きていると人は思うかもしれないが、今でも私はここに立つとやはり感動を覚えずにはいられない。

氷河に下りる梯子の上についた時、下から悲痛な叫びが上がってきた。一〇人ほどのガイドの一隊が順番に一人の人間を吊り下げた太い棒を担いで我々のほうに歩いてきた。梯子を下りると氷河の端にいる彼らと出会った。歩行に合わせて揺れる度に負傷者は痛みの叫びをあげていた。救助隊の一人が私の父にこの女性と連れの女性はエグラレのモレーンで、不安定な大きな岩に挟まれたのだと言った。二人の女性の一人は岩から出せたが骨盤を折っていて、もう一人にほうはまだ岩の下で、それを動かして助け出すにはもっと人手が必要なのだそうだ。

これは決してまれな事故ではない。氷河が後退した今、両側の斜面にはあらゆる形と大きさの岩石が不安定な状態で乗っており、必然的に氷河の方へと滑り落ちてゆく。この地帯を横切るにはひじょうな用心が必要で、温暖化の影響でこの危険はさらに増大している。

この時から、私にとっては新しい発見のある楽しいハイキングになるはずの今回の山行が、メール・ド・グラス氷河の上部を目指しての激しい登行となった。まるで私のことなど存在しないかのように、振り返りもせず父親は速足で歩き、その足取りについてゆくのはやっとだった。

まもなく我々はエグラレの手前、クーベルクルの小屋へ通じる山道に上がる梯子に着いた。それから、事故の現場に行くと、そこは大騒動のまっさかりだった。アルマン・シャルレの指揮の下で一〇人ほどのガイドと登山者がモレーンの上を歩き回っていた。父は私に氷河から動かないように、と言いつけると救助に向かっていった。私はそばの岩の上へ少しだけ移動して、怪我人がどうなっているのか見た。彼女は太ももを大きな二つの岩の間に挟まれていた。そして、叫び声も上げなければ、むしろ静かに救助の人たちと話していた。二つの大きな岩にはロープがかけられ、男たちは大きなバールを使って岩を動かそうとしていた。作業は遅々として進まず、時間だけが過ぎていった。ときどき、もうどうにもならなくて、あきらめたように作業が中断した。それから、また作業が始まり、そして最後にやっと岩が動かされた。女性は解放された。けれども、脚が抜かれたとたん、彼女は意識を失った。そして、そのすこし後で、彼女は死んでしまった。

それは救助隊の全員にとってひじょうな衝撃だった。みんな石の上に坐り、何も言わずに頭を垂れていた。すべての努力は無駄になってしまった。モンタンベールへ遺体を運ぶための一隊が集められた。もう時間は遅かった。父はこの一隊と一緒に帰ることに決めた。

こうした騒ぎとは無関心に、夕日は針峰群を美しく染めていた。そして私は山での悲劇について考えていた。

その頃、私の中では二つの感情がせめぎあっていた。山に特有の危険と向かいあうことの恐れと、それと対照的に頭の中でどんどん大きくなる登攀への情熱だった。

なぜ、登る楽しみのためだけに登ってはいけないのだろうか？　クライミングの喜びを感じるためには景色を捨ててもいい、というマロリーのように、肉体を動かし、障害を乗り越える楽しみのためだけにクライミングをしてはならないのだろうか？

登攀の喜び

川の向こう側、森の中に数十メートルの高さの垂直な岩があるのを知っていた。それは、隠れていて見つけにくいので、おそらくまだ誰も登っていないと見当をつけていた。

そこへ行くには、マムシのたくさん潜んでいる、茨に囲まれた数メートル四方の岩の台座まで登らなければならなかった。ボソン村の一軒のホテルがその途中にブドウの木を植えていた。おそらくシャモニーの谷で唯一の、いやモンブラン界隈で唯一のブドウ畑だったろう。それからブドウ酒もできた。ただし、それを飲むには〝しっかり壁に掴まって、腰を抜かさないように〟しなければならない、と言われていた。

私は父のロープをこっそり持ち出して、トウヒの高い枝にそれを掛け、それに吊り下がって、岩から茨や苔を取り除くのに何時間も費やした。そうして、岩の窪みや、クラックなどあらゆる形のホールドを再生させた。ある日、嵐が岩をすっかり洗い流した後、私はそこへでかけていって、この岩の初登をやった。それはとても誇らしい気持ちにしてくれ、私はそのルートに「ブドウの木」と名付けた。

何日か後、父がクーベルクル小屋へお客を連れて行くので、先日のモレーンでの事故で中断したハイキングの代償に私を同行させることになった。

夏の終わりで、たくさんの観光客のごったがえしは少しずつ収まっていた。八月十五日を過ぎると空気はひんやりとしてくる。冷たい霧が谷や山腹に漂いはじめていた。すでに秋が感じられた。ナナカマドにはたくさんの赤い玉の実が重く下がった。六月には黄色で、七月にはオレンジ、そして今は赤くなっていた。クロツグミが冬に備えてこの木のまわりを忙しく飛び回っていた。

九時。ドリューやモアーヌ針峰にバラ色の陽が当たりだした。我々はまだ影の中にあるメール・ド・グラス氷河を登っていて、ジュアン峠を越えてくるイタリアからの空気は凍えるような冷たさだった。氷河の表面は硬く、滑りやすかったのでアイゼンをつけた。

氷河の曲がり角、モレーンへの登り口は少しひらけて太陽が当たっていた。父はそこで見渡せる峰々を説明してくれた。一つ一つにはそれぞれの初登攀者の名前も教えてくれた。こうして、ラバネルやブルグナー、ヴェネッツ、クヌーベルなどなどの人たちの名前が私にとってヒーローとして刻み込まれたのだった。

我々は危険なモレーンを越え、小さな石が大きな岩にとって代わった梯子の下についた。ほとんどの事故というものは、それぞれの場所に対する知識の欠如による人間の側の間違いから起きるものだ。しかし、その知識は実際に行動し、残念ながら時には過ちを犯さなければ得られない。

二時間の登行の後、小屋に到着した。父は何人かの仲間と会って、楽しげだった。クーベルクル小屋は歴史の一ページを飾る場所で、まわりをヴェルト針峰、クルト、ラヴァネル、ママリーなど有名な登攀対象の針峰が取り囲んでいる。何十年もの間、ガイドの仕事はこの小屋を起点として行われていた。その後、一九五六年にミディー針峰にケーブルが掛けられてから、登攀者には新しい別のアプローチが開けたのだった。

小屋からの景観は、真正面のグランドジョラスを初めとして、ダン・デュ・ジェアン、そして西にはシャルモやグレポンの東壁などの素晴らしい峰々が取り囲んでいて、誰もが感動を覚えずにはいられないものだ。

夜がくると外のテラスで、アルピニストたちがお互いに言葉をかわしていたが、あたりを支配する深い静寂に押されて、静かで慎み深いものだった。それはすべてが動きを止める素晴らしい時間で、ただ遠くのイタリア側で軽い北の風が巻き起こり、稜線の粉雪を吹き上げ、夕日に赤く染まった。寒気と影が世界を包み、すべてが消え去る前の至福の瞬間だった。

夕食の後、ガイドたちは食堂の隣にあるガイド用の小さな部屋でテーブルを囲んでいた。私は部屋の隅に坐らされ、それから夜の間中誰も私には注意を払わなかった。それぞれが、このシーズンでの山行を話した。みんなが夏の終わりのこの時、事故もなくこうして集まっていられることに幸せを感じていた。

一人のガイドがワインを一本注文した。それから習慣に従って、他の人が順番に一本づつワインを買った。そのうちに誰の買う番だか分からなくなったが、それでもワインだけは途切れることなく飲まれ続けた。一一時頃、歌が始まった。誰もが自分の歌をうたいたがった。ある人は山の歌をうたい、他の人は酒飲みの歌をうたった。最後には酒飲みの歌ばかりになり、もう曲も歌詞もめちゃくちゃになった。

一人のガイド助手が立ち上がって出口の方へ行きかけた。けれども、階段の最初のところでつまづいて食堂まで転げ落ちた。私はびっくりして、誰もが立ち上がって彼を助けに行くか、怪我がなかったか見に行くのかと思った。笑いながら振り返っただけで、誰も動かなかった。けっきょく、その人は苦労して立ち上がり、そのまま寝に行ってしまった。私は眠気に負けてベットへ向かった。

朝はいびきの合唱で目を覚ました。その日、ガイドたちによってどんな山行が組まれていたのか知らなかったが、午前の終わりには全員がタレーフル氷河を一回りするために集合していた。

昼頃、我々はタレーフル氷河の左岸、ベランジェ・ロックのルートを下った。これは直接レショー氷河からメール・ド・グラス氷河へ下りるルートだった。氷河は眼を射す眩しい光に満ちていた。昨日の夜が降りてくる時、敵意をむきだしにしていたまわりの峰々は今ではやさしく受け入れてくれるようだった。あたりは楽天的な雰囲気に満ち、素晴らしい登攀の一日だった。

初めての頂上

十五歳になって、私のクライミングに対する情熱は大きくなるばかりだった。けれども私は山に関しては何も知らなかった。ロープの使い方も知らず、たいていはロープによるビレーもせずに岩のブロックを登っていた。私は子供時代、取り巻くあの峰々に登ってみたいとずっと思いつづけていた。あの高みからは何が見えるのだろうか？　頂上では何を感じるのだろうか？　あの向こう側には何があるのだろうか？　素朴な疑問だが、それは私に取り憑いていた。父が日常的に山に出かけるのを見ていて、それについて行きたいという思いは日増しに大きくなっていた。どうして父は私を連れていってくれないのだろうか？

そしてある日、とうとう、私のクライミングへの情熱が強いのを知っていた父は私をエム針峰へ連れていくことになった。父はこのノーマル・ルートへ三人の人をガイドすることになっていた。私はシャモニー針峰群のすぐ下を通る岩とモレーンの道に初めて足を踏み入れた。

ビッシュの峠まで来た時、このパーティーの人数が多すぎると考えて、父は私をそこへ残すことにした。そして彼等が帰ってくるまでそこを動くんじゃない、と言った。プティ・シャルモへ向かう別のパーティーが小さなテラスのところにいたが、やがて彼等も行ってしまい、私一人だけが残された。時間というのは行動している人間にとっては短いが、待っている人間にとっては長いものだ。だから、気持ちの良くない場所に誰かを一人で長時間置いておいてはいけないのだ。ひょっとした折に、彼が何歩かでも動いて、証人のいない事故が起きるのはそういう時だ。

少し時間が経つと、私はもうそこにじっとしていられなくなって、父たちが消えていったルートを登りだした。このクライミングは、私が普段岩のブロックでやっているものと較べればまったくやさしいものだった。もちろん、足の下には大きな虚空があったが、私は気にならなかった。稜線の肩に出て、どこを通ったらいいのか分からなかったが、どこもやさしかったので、私は声のする右の方へ

シャモニー針峰群。　右から二つ目高いのがペーニュ針峰、隣がペルラン針峰。

左端のカニの鋏のようなものはシジー針峰。その右はフー針峰、当時未登の南壁は向こう側：S

まっすぐ登っていった。
　何分かして、お客のビレーに手間取って時間のかかっている父のパーティーに追いついてしまった。「お前、そこで何してんだ?」と父はたいして驚きもせずに言った。私が答える間もなく、「ロープなしで一人で登るのは危ない」と続けた。それから、ちょっと満足そうな笑みを浮かべて、私をロープの端に結わえた。　それからのクライミングは私にとっては何の難しさもなかったので、私はお客さんにホールドやスタンスの場所を教えて助けてあげた。私は父とロープを結びあったことに、そして彼の良く知ったこのルートを彼に従って登ってゆくことに誇りを感じていた。こうして我々は頂上ブロックの岩の上に立った。この岩の上に立って、千メートル下のシャモニーの家々を見下ろした時、自分がもうあの地上に縛り付けられているのではなく、この高みの世界に属したという感情がこみあげてきた。
　時が経つにつれて、またたくさんの山行を重ねるにつけて、この感情は少し薄れてきたが決して消えることは

シャモニー針峰群。左端の小さなＭ字形がエム針峰：Ｓ

なかった。

たとえ、クライミングそのものが難しさを欠いて、新しい刺激というものを私に与えてくれなかったとしても、その後ガイドになった私はお客があるポイントで苦労したり、あるいは不安にかられた時、それでも冗談をいいながらそこにいることに明らかに幸福な様子を見るのは、大きな満足を与えてくれた。私はお客をビレーしたり、勇気づけたりするガイドの仕事を通して、自分のパーティーの人たちにこの岩と氷の世界での貴重な瞬間を味合わせる幸せを得られるのだった。

ガイドの手伝い

クライミングをすること、一人で岩をよじ登ることは私の自由への憧れをさらに強くしていた。義務や憂鬱なことの多い学校での束縛から解放されると、山へのめりこんでいった。より高く、谷を見下ろす針峰にクライミングを挑みたかった。その時はまだ高山ガイドの職業につこうとは考えていなかった。自分だけでするクライミングと人を連れて山の中で彼等の責任を負うというのはそれぞれまったく別のことであった。

けれども、自分で望んだわけでもなく、私はこの仕事を始めることになった。

次の年、ガイドのマルセル・ボゾンがエム針峰のとなりにあるプティ・シャルモへのクライミングに誘ってくれた。彼は二人の客を連れて先行し、彼の監督のもとで私が三人目をガイドするのだ。

私はガイドの仕事については何も知らなかった。しかし、マルセルは有名なガイドで、モンブラン山塊でたくさんの初登攀をしていた。父はこの件に関してはまったくかかわらなかったが、その申し出は受けたほうがいい、と言った。今日では、こうした責任ある立場は最低でもアシスタント・ガイドの免状を持っていなければ許可されないが、当時のシャモニーと隣国のスイスでは認められているものだった。国立登山学校は数年前から存在していたが、ガイド組合の中での教育は相変わらず現場で先輩について行われていた。

マルセルとそのお客とはミディのケーブルの乗り場で会った。マルセルが三人目のお客に私を紹介するのを聞いて驚いた。「これがクリスチャン、こいつは猫のように登るよ。彼が今日の君のガイドだ！」

この言葉を聞いて、私は少し誇らしく感じたが、同時に何となく不安にもなった。お客は私を頭のてっぺんから足の先まで見て、私を値踏みし、それでも安心したように見えたが、何も言わなかった。

マルセルはナンティヨン氷河へ向かって静かに歩いていった。彼は頑強で、あらゆる状況に冷静で、氷の斜面で何時間も足場を切り続けられる。つねに控えめで、山のことをしゃべる以外口数は多くなかった。彼を見ていて、私は彼には山が重くのしかかっているという印象を受けた。彼はシャモニーという土地、その祖先たち、長年にわたっての彼の家族の苦しい生活、そうしたものすべてを体現しているようだった。

我々はモレーンを登り、氷河に達した。マルセルは自分のお客の面倒を見ながら危険やお客の扱い方などについて私にアドレスしてくれた。

「ここでアイゼンをつけたほうがいいな。彼等が歩くたびに滑る必要はない。それは彼等を疲れさせてしまうから。ここを横切る時はブレチエールからの落石がここまで飛んでくることを覚えておいたほうがいい！」

その場所はむき出しで、寒く、針峰群からの水の流れで黒く汚れて、張り出した岩のせいで暗かった。それからマルセルは私のために付け加えた「もし氷河に雪が積もっていたらかならずロープをつけろよ。表面が平らにみえて、横切るのは簡単そうに見えるけど、ギイ・ラブールは一人でここをトラバースして雪に隠れたクレバスに落ちた。彼はクレバスの中で六日間すごした。それから一人のガイドがもしやと思って声をかけたら、思いがけず答えが返ってきて、そうして彼は救われたんだ。フリゾン・ロッシュがこの実話から『大クレバス』という小説を書いたよ」

私はマルセルがあらゆる機会をとらえて、同行者に技術的なアドバイスを与えるのを見て驚いた。村では、どういうわけか、たぶん外からの人間に対する古い警戒心から観光客とは話さないし、教えもしない、と言われていたからだ。またその後、一人のガイドが、客をあんまり教育しないほうがいい、さもないと彼等は山へ行くのに我々を必要としなくなるから、と言ったこともあった。

登行を続けるなかで、私はクライミング技術は生まれながらに備わるが、ガイドは学ばなければできない、ということを理解した。一人のガイドにとってクライミングがうまいということは当然のことだが、もっと重要なことはお客をどう引率するかということだ。つねにお客を観察し、必要があればそれを手助けし、彼の恐怖を見抜き、冗談を言って安心を与えてやる。つねに一緒にいるのだということを認識させてやる、そうしないと客は不安にかられるからである。疲れを予測して、登行のペースを調節してやり、機会を見つけて、この標高の高い世界の特徴を話してやるのだ。

お客のレベルに合わせて、クライミングの難易度を調節することも必要だ。ときには、それを間違えることもある。グレポンの有名なママリー・クラックで私の同行者が突然登れなくなったことがあった。けれども、その先のより易しい部分へ続けるためにはどうしても、このチムニーを登らなければならなかった。もう自分で動けない人間を私一人では引き上げることができなかった。日本人のパーティーが追いついてきて、我々を追い越し、ルートの先、〝大砲の穴〟へ消えていった。それでもう私を助けてくれる人は誰もいなかった。だから、この罠から私のお客を脱出させられないことに絶望していた。その時、二人の日本人がまた現れた。そして私を助けるために、下りてきてくれた。彼等は追い越すときにセカンドが弱り切っていることに気がついて、状況を解決するために戻ってきてくれたのだった。三人で引っ張ったおかげで、私のお客はすぐにテラスにたどり着いた。このような場合、ガイドの感謝は計り知れないものがある。

私はマルセルの登攀をよく見て、彼のロープさばきや、確保の場所をまねた。それらすべての実践は私には初めてのものだった。べつに私に教育を与えようというのではなく、彼は静かに私に言葉をかけながら、ルートの変化のあらゆる機会を利用して何等かの忠告をしてくれた。ルートファインディングのこつだとか、その場所で彼や彼の仲間が経験したことなどを教えてくれた。

下りでの注意も同じように数々あった。「集中しなければだめだぞ、疲れがかんたんに足元をくるわせるから」と言った。そして、マルセルはちょっと笑みを浮かべ、自分自身につぶやくのだ「気をつけなくちゃ……、この腐った雪には……」

後から、経験にもとづいて考えると、ガイドという仕事については、登山学校でのマイナス点の合計による試験方法での免状授与よりもマルセルに教わった、危険な場所での同行者の引率の仕方などのほうが実際の役にたった。

初めてのモンブラン

何日か後、私に二度目の機会がまわってきた。当時、市庁舎の近くにあったガイド組合の事務所に私は呼び出された。前に一度だけ、父と一緒にこの組合の神聖なる巣窟に足を踏み入れたことがあった。

朝早く、少し緊張して私は事務所へ入っていった。部屋は照明が暗く、たばこの煙が充満していた。片隅にストーブがあり、そこから煙突がまがりくねって天井へ立ち上がっていた。古い本がならんでいる棚の横にはロープが山積みになっていた。そして、木製のカウンターのうしろに半分隠れた組合長がやっと見えた。

私は近づいて、「フィルマン・モリエの息子です……」と言った。組合長は私の次の言葉を遮り、いきなり、「お前はガイドとして、モンブランに行くんだ」と言った。薄暗がりにいたその人は私の方へ出てきた。彼には片腕しかなく、それは彼の姿をさらに厳しく、威圧的にしていた。驚きが収まると、私はすぐさま、まだ頂上へは一度も行ったことのないこと、まだ十七歳でしかないこと、そして雪の上で人をビレーする能力のないことを言いたかった。けれども、そんなことを言う暇はなかった。

「お前はマルセル・カシャと一緒に行く。彼が二人連れて行くから、彼の監督の下で他の二人をお前が引率するんだ。マルセルはお前と同じボソン村だし、もうモンブランに百三〇回も登っている。出発は明日の朝！」

事務所を出ると、初めてモンブランに登ることに不安を覚えた。そして、特にそこへ人を連れて行くことが心配だった。けれども、同時にあの高みに登ることは嬉しかったし、ガイド組合が私に信頼をよせてくれたことに誇らしさを感じた。

翌朝、ベルビューのケーブルの駅でマルセルに会った。お客たちはガイドの前に緊張して立っていて、ガイドは彼等の装備を点検していた。マルセルはすでに年を取っていたが、締まった体つきで、厳しい表情をし、つねに動き回っていた。黒い大きなベレー帽を前で山型に折り、左耳に傾けて被っていた。それは彼が山岳兵だった名残だ。ベレーのひさしの下には太陽に焼かれた赤銅色の顔があった。頬骨の高く突き出た引き締まった表情をしている。彼の眼は豊かな眉毛の下に窪んでいて、色は薄く、雪の降った後の空のようにほとんど白に近いブルーで、いたずらっぽい笑みを浮かべていた。その眼は今までにたくさんの嵐や、吹雪などを見てきて、もうその眼を驚かすものは何もないようだった。しかし、この風に削られて出来上がったような細い顔の中でいちばん人目を引くのは、顎のまわりのぼさぼさの髭で、それはトウヒの枝に下がったサルオガセの糸束を慌ててそこへ張り付けたように見えた。彼の手は私の手と較べた時、ほっそりとしていて、傷跡などまったくなく、ガイドとしては手を傷だらけにする花崗岩の岩のルートよりも、手袋を使う雪のルートを得意としているように思われた。

私はおずおずとグループに近づいていった。人々は私の方に振り返り、マルセルが私を二人目のガイドだと紹介した。誰も何も言わなかった。それから彼等はマルセルの方を向き、私は完全に無視された。彼等は私が若すぎると判断したのだと思っていた。

登山電車に揺られた後、我々はテット・ルースへの小径を辿った。マルセルはゆっくりとした、しかし規則的な山人のリズムで歩いた。このリズムはガストン・レビュッファをして「ゆっくりして、規則的な歩行は、最後にはシャモニーのガイドの素早い登行という結果になる」と言わせた。

マルセルの癖の一つは、何かにつけて悪態をつくことだった。雲が通り過ぎるとか、石が歩行の邪魔をしてるとか、道が滑りやすいとか、あらゆることが罵りの対象となった。そのせいで行き交う他のガイドが気を悪くしないわけでもなかった。私はといえば、彼のそうしたことには慣れっこになっていた。というのは、家で夕立が来る前にあわてて秣《まぐさ》を納屋に運び込まねばならぬ時、彼がよく私の両親を手伝いに来ていたからである。最初の頃、彼が悪態をつくとお客たちは顔を見合わせて驚いた様子だったが、やがて少しずつそれに慣れて、最後にはそれを聞いて笑みをもらすようになった。

テット・ルース小屋での休息は短かった。マルセルは心配げだった。何度もベレーのひさしを指で引っ張り、山の方へ顔を向けてビオナッセイ針峰の尾根やモン・ジョリーの後ろに威圧的に拡がってくる雲を不安げに見つめた。「出かけなきゃ！　もたもたしていられないぞ！」と彼は全員を急き立てた。

少し上、大きなクーロワールの入口で、我々はロープを結んだ。ここの通過はこのルート中で最も危険な場所だった。落石の通り道でモンブランへのルートの中で最も多くの犠牲者をだしている場所だ。雪がついていて踏みあとがはっきりしているので通過は簡単そうに見えた。マルセルはみんなを安心させるために、雪がゆるくなっているので心配するな、と言った。その雪のおかげで落石のスピードが抑えられ、十分に避ける時間があるのだ。

我々はみんな一緒になって、細い踏みあとをたどった。特別に急ぐわけでもなく、足元に注意しながら歩いた。マルセルがここでは同時に滑落にも注意しろと言ったからだ。

一人で登ることに慣れていた私は、落石の危険が迫った時、こんなふうにロープを結んでいるとクーロワールの反対側までひと跳びで逃げられないと感じていた。ロープは自由と自分を救うことの障害に思われた。けれども同時にそのロープは私の同行者が足を踏み外した時のためにあることも分かっていた。この繋がりは彼等の安全を保証するものなのだ。それにもかかわらず、クーロワールを横断しているあいだじゅう、もしお客の一人が転落した場合、はたして私にパーティー全員を引き留めることができるだろうか、そして私自身がその転落に巻き込まれないで済むのだろうかという疑問にずっと取り憑かれていた。

我々は対岸にたどり着き、確保に対する疑わしい印象も消えた。

ずっと後で、この場所でものすごい落石にあったことがある。幸いにして、お客と私はそれに当たらなかったが、それ以来、乾燥のひどい年にはこのルートは決してとらないと誓った。

それからゆっくりと尾根筋を登っていった。私にはこんな易しい岩場ではペースが遅すぎるように感じたのだが、ガイドはお客が明日のために余力を残しておくようにしたのだった。

遠く、イタリア側から雷の音が聞こえてきて、嵐が近いことを知らせていた。黒い雲がだんだんと我々の方へ流れてきた。私はもっと早く歩いて、できれば駆け出したかったが、マルセルは動じない様子で、ただ天気にかんしての悪態を増やし、同じペースで登っていった。〝赤いベンチ〟と呼ばれるところで、霧が我々を包んだ。息が苦しいのは標高のせいなのだろうか、それとも水気をふくんだこの霧のせいなのだろうか。綿のような濃い霧はすべての物の形を歪め、音を聞こえなくする。遠く、我々と同じ高さに、空に描かれた道のようにビオナッセイ針峰の稜線が、北壁からの雲で現れたり隠れたりしていた。岩壁は空と同じ色をして、もっとそそり立ち、もっと敵意に満ちた様子をしていた。

風向きが変わると、深淵の匂いが谷から上がってきた。暗く、不安をそそる雲が岩壁を急襲する。たまに霧の間から射しこむ光が、ピンク色の現実とは思えない一瞬の光景をつくり上げる。

濃い霧の中、登行を続け、だまってそれぞれが自分の思いの中に閉じこもっていると、最初の雪片が舞い始めた。いつまでたってもゴールには着けないと思ったころ、空間に張り出した岩の上にしがみつく、木造の小さなグーテ小屋が雲の間に姿を現した。我々は避難所という名の山小屋へ（訳注：フランス語の山小屋を現す言葉は、本来避難所という意味）敵意に満ちた外の世界の不安から解放されて、言葉通り避難した。

我々のお客は長い登行と標高のせいで疲れ果て、横になり、眠ることしか考えていなかった。

激しい嵐は峰々の稜線を伝い、谷を駆け上って近づいてきた。そうして、一連の稲妻が爆発した。それは、いっとき鎮まり不思議な静寂につつまれたが、やがて強い風とともに雹《ひょう》が小屋の壁を叩き始めた。風に震える窓ガラスは白い霜に覆われた。

一八時に夕食をした後、マルセルが将来のガイドは小屋の皿洗いをしなければならない、と言った。この習慣はその後ずっと続くことになる。ある時、ガイドとしてシャモニーからツェルマットへのスキーツアーの途中、悪天候にとらえられて、小屋で食料をもらうために一晩中皿を洗い、それを拭いた。おかげでスイスの小屋番から白いソーセージをもらうことができた。ところが、そのせいで全員が腹をくだすというおまけがついたのを思い出す。

ガイドたちは台所の奥の唯一のテーブルのまわりに集まって、赤ワインを飲みはじめた。小屋番は私に大きな青いエプロンを渡し、鉄板でできた洗い場に立たせた。シンクの中にはぬるい水が張ってあり、小屋番がその端の方に洗う食器をすべて重ねた。

仕事が半分ほど終わった時、突然青い電光が水の上をジグザグに走るのが見えた。両手はまだ水の中に浸けたままだった。身体全体が強い衝撃を受け、私は飛び上がり、二メートルほど後方、台所の真ん中へ投げ出された。気が付くと、私は地面に坐っていて、無傷だったが恐怖に呆然としていた。実際、何が起きたのか分からなかった。

しばらくして、少し落ち着いた時、最初に耳にしたのはガイドたちと小屋番の後ろからの笑い声だった。

私は彼等が憎らしくなった。マルセルはなぜ教えてくれなかったのだろう、と思った。彼は嵐の時にはそうしたことが起こる、と静かに説明してくれた。稲妻が外に出ている排水管を伝って、シンクの中まで入ってくるのだ。

その日の皿洗いは翌日にまわされた。

この不愉快な時が過ぎて、私は新鮮な空気を吸いに小屋の外にでた。嵐の中心は我々にたいした被害を与えず、東の方へ去り、不安定な空を落ち着かせるように太陽が顔を出した。帯状の黒い雲が残っていたが、晴天を予告する夕日の血のように赤い空が拡がっていた。ビオナッセイ針峰北壁のセラックはピンク色に染まり、影は青く、消え遅れた雲の残りがそれに引っかかっていた。稜線の上の方では暗いブルーの空に星が輝きだしていた。

空の色はいろいろに変化して、最後には全体が赤く燃え上がり、アラビス山脈の黒いシルエットが裾を切り取っていた。

虚空に張り出し、西には高いものがなく、空が大きく開けたこの山小屋からの夕陽はこの山塊の他のどの場所から見るものよりも素晴らしい。その後アンデス山脈やヒマラヤ、あるいはシナイの聖山の頂上からも夕陽を見たが、それでもここからのものが一番美しいと思う。

張り出したテラスの隅に、柵に寄りかかってマルセルがいた。顔を上げて、髭をなぜている。天気の好転が明らかに彼を満足させているようだった。彼は私を見つけると、元気に言った。

「明日はいい天気だぞ！　上まで早くにいけるよ!!」そして、歩き回りながら、「あの汚らしい霧もないよ、見ろよ、空気はまるで乾燥してるぜ」と付け加えた。

少し黙ってから、私にアドバイスを与えるように、彼はつづけた「モンブランじゃ、霧は最悪だ。朝、客は出発しようとお前にせがむだろう。でも、彼等は何も知りゃしない。ガイドは霧を通してでも、物が見えると思っていやがるんだ。霧がある時は絶対に出かけちゃだめだ。たいらで広いドームで風が吹くか、雪が降るかしてみろ、まるでアホみたいにぐるぐる回りをやって、ちっとも前には進めないぞ」

二時起床。客たちはまだ眠りながら朝食のテーブルに着く。

出発の時、私はマルセルの片方の頬が異常に膨らんでいるのに気が付いた。けれども、彼は歯が痛いとは言っていない。その代わり、何かもそもそと噛んでいるようだ。きっと、彼の好きな噛みタバコをやっているのだろう。ヘッドランプで出発する前に彼はお客の装備を点検して、私にも同じようにしろと言った。理由は「歩き出したらもう何も見えなくなる。そして、止まると歩行のリズムを崩す」と説明した。

ドーム・デュ・グーテの頂上に達した時、夜が明けてきた。我々は地上の高いところにいる。前にはまだ影の蒼と寒気の中にあるドームのコルの広大な雪の原が拡がっている。すでにスイスの山々の頂きは琥珀色の光の中に浮き上がっていた。その間から漏れた光の筋はモンブランの頂上をバラ色に染める。まるで、もっと急げと我々を誘うようだ。

ヴァロー小屋での休息は短いものだった。この番人のいない、悪天候時の緊急の避難所に入ることは問題外だった。「そうでないと、彼等を二度と外へ引っ張り出せなくなるぞ」とマルセルは言った。

小屋の脇の小さなコルには凍るような北風が吹いていて、我々は背を向けて立った。マルセルは安物のブランデーの入った小ビンをだして、たっぷり一口飲み、ビンを私に差し出した。昨日、食事の時に彼が言ったことを思い出した。「アルコールを飲まなかったら、しんどい時を超えられないぞ！そして、ガイドになれないぞ」。けれども学校ではちょうどそれと反対のことを教えられていた。私は彼を失望させないためにほんの少しだけ飲んだ。私自身は母がいつも水筒に用意してくれる、甘いワイン入りの紅茶のほうが慣れているし、好きだ。

私がビンをお客のほうに差し出そうとすると、マルセルはあわててそれを止めた。「ダンナ方にそれを飲ましちゃだめだ。おれたちとは反対に歩けなくなっちゃうぞ！」

身体を冷やさないために休憩は短かった。私はその場所を感動をもって見ないわけにはいかなかった。父がこの有名な場所について何度となく語っていたからだ。けれども、それから頂上へまっすぐ続くボスのやせ尾根は私を心配させた。

「何かあったら、私は彼等を止められるだろうか？　彼等はこれからの試練を続けられるのだろうか？」そうして、ボスの登りではペースはさらに落ちた。私は、疲れをぜんぜん感じていなかった。いつになったら苦しさに涎を垂らすようになるのかと考えていた。この最後の登りで人は完全に力を使い果たすという話をたくさん聞いていたからだ。

風はさらに強くなった。やせ尾根の雪を巻き上げ、我々を光の粉で包んだ。マルセルの顎髭には霜がついて、より大きく見えた。私は雪の上に茶色の染みがあるのに気が付いた。それはだんだん間隔が短くなっていた。我々のガイドの親分が噛みたばこの汁を吐き出しているのに違いなかった。雪さえ降らなければ、霧があったとしても、小石を伝って帰ってきたペローの童話の主人公のように、我々もこの染みで帰り道を見つけられるだろう。

突然、ロープが後ろに引かれた。お客が疲れはじめたのだ。我々のパーティーはしばらく立ち止まった。その間にマルセルの一行は先へ進んでいった。私のお客の一人は雪の上に坐り込んでしまった。私は、立ち上がって歩き始めるように、と少し強く言った。そうしないと、後でもっときつくなる、と言った。もう一番苦しいところは終わったし、頂上はもうすぐで、あなたは大丈夫そこまで行きつける、と言って勇気づけた。

私は、ロープを少し引っ張り、パーティーはゆっくりとふたたび歩き出した。この瞬間、私は自分が本当にガイドであるという自覚を持った。パーティーのメンバーに影響を与えたのだ。その瞬間まではマルセルに従い、彼の真似をしていたに過ぎなかった。

頂上雪稜は空へ向かっていた。それはイタリアとフランスという二つの国を分け、二つの世界、南と北を分けていた。シャモニー側は風に削られ、クールマイユール側は毎日何時間かの太陽が虚空を見下ろしているので、雪稜は細くなっていた。我々はそうした細い雪の上を綱渡りのように進んでいった。同行者は私の後ろにいるので彼等の足元を見るわけにはいかなかった。それで、もし誰かが落ちたら、私に何ができるのだろうかという不安がまたよみがえってきた。そう考えながら歩いているうちに、もしそんなことになったら、雪稜の反対側の虚空に飛び込んでしまえばいいと思いついて、少し安心した。

雪稜はしだいに傾斜を緩め、頂上の下で弓のように曲がっていた。最後の数メートルは私にとっても心高まるものだった。今日までこの頂きは私の手には届かぬものだったからだ。私はここまで登った初期の登行者たちに思いをはせた。まもなく二世紀前になる昔、情報もなく、アイゼンもなく、一本の杖と粗末な装備で彼等はこの標高まで登ったのだ。

私は頂上には素晴らしい展望があると期待していたのだが、頂上がまわりよりはるかに高いので、アルプスの山並みは黒い波のような拡がりの中に白い波となって沈んでいた。南にはイタリアの低い山々があり、北にはシャブレーとジュラの山脈が見えた。これらの峰々はその時にはまだ私にとってたいした意味を持っていなかったが、この頂上からの最初の景色は強い感動をもって、それからずっと私の思い出の中に刻み込まれた。その後、この頂上には七〇回以上も来ることになるのだが、その時にはそれぞれの頂き、それぞれの氷河があった。そして私にそれぞれの場所での経験、私の人生のある瞬間を思い出させた。この山に通いつめたことは、そのときどきの状況がどうであれ、その度に新しい発見をさせ、またさらにこの山を愛することになったのだった。

我々はお互いに祝福しあい、そしてマルセルが地平に並ぶ山々を説明するのを聞きながら景色を眺めた。疲れで登山者たちは口数が少なかった。誰かが「やったぜ!」とつぶやいた。

この機会に安物のブランデーのビンがまた持ち出された。今回はお客にも許可が与えられ、彼等も少しだけ飲んだ。

マルセルは「これは寒さよけだ」と言い、それから私に向かって「まあ上出来だ。さあ、これから家の方へ下るぞ」と言った。

氷のかけらの混じった地吹雪が我々の頬を打った。マルセルはロープを短くし、待ちきれないようにぐるぐると歩き回った。私も同じようにロープを短くした。またあの細い雪稜を通るからだ。それからグランミュレへのルートをとる。マルセルが言った〝家の方へ〟は、つまり、我々二人の住むボソン村へ直接に下る、ということだ。

寒さがアノラックを通して刺しこんできた。出発の合図があった。私はあの細い雪稜を下る時にはアイゼンを引っ掛けないようにしなければならないと、自分に言い聞かせた。しかし、マルセルは私の技術が間違いのないのは当たり前のことと考えていたようで、私のガイドとしての仕事は「彼等の足運びをよく見て、ちょっとでも転びそうになったら、ロープを軽く引いてバランスを取り戻させ、アイゼンを引っ掛けないようにすることだ」と言っていた。

緊張する上部の下りを終わると、ヴァロー小屋の下では楽になった。グランミュレへの行程では雪が腐っていて、アイゼンの底に塊になって付き、くるぶしをひねりそうになった。グラン・プラトーまで来ると、圏谷は風から護られていたので、今度は暑さに悩まされた。

私はずっと私の初めてのモンブラン山行について考えていた。私が楽にそこへ登れたのは、少年時代を自然の中で育ったこと、たくさんの山歩きをしたこと、森の中や、氷河で仕事をしたことなどの結果に違いないと思った。たぶん、少年の頃、甘やかされて育っていたら、私は苦しい生活や不運に立ち向かう忍耐力のあるガイドになることはできなかっただろう。

今回の山行は先輩についてゆき、彼のやり方を学んだだけのものであったけれど、それでも私に責任感というものをうみつけた。この山行はまったく一般的なものなのだが、それでもやはり一種の冒険でその成否は山の状態や、危険度、そしてまた連れて行くお客の程度いかんにもかかわってくるものだということを感じた。モンブランに登るには、やはり最低限の技術が必要で、山に対する知識が欠けていたり、天候が悪かったりすれば、決定的な結果をもたらす危険がある。山では出発すれば、確実なことは何もなく、その不確実性が山行を興味あるものにする。今回の山行は、お客にとってと同じように私にとっても初めてのものだった。だから、お客と共に私も一歩ずつこの山を発見していったのだった。

プティ・プラトーに差し掛かって、私の注意はふたたび目覚めた。この場所には巨大なセラックの危険があった。それはグランミュレへのルート上にまで落ちてくる。最近壊れたばかりの、まだ青い氷の塊があちこちに散らばっていた。その滑ってきた筋が光って見えた。モディット圏谷の方へ落ちているものもあった。この危険な場所は走って通り過ぎたほうがいいと思えたのだが、マルセルは、散らばった氷の破片で足首をひねる危険があるのでゆっくりと行ったほうがいいと言った。「あれは絶え間なく落ちてくるわけじゃないし、走れば雪崩に遭わないという保証もないだろう!」

それから、我々はグランミュレのクレバス帯に着いた。雪面はまわりの岩壁から落ちてきた岩崩で古い写真のようなセピア色をしていた。しかも、景色はセラックやクレバスを避けて回り道をするアルピニストたちを写した二十世紀初めの美しい氷河の写真と変わっていなかった。ただ、深い裂け目に渡された木製の梯子や、古風な登山者たちがいないだけだった。ガイドの責任として、事故を起こさないために、我々はこの迷宮の中でさんざん方向転換や回り道をした。

そうして、タコナ氷河とボソン氷河が巨大な混沌の中で分かれる、ラ・ジョンクションを越え、ラ・コットゥ山の頂上についた。ここには二つの花崗岩のブロックの間にバルマの宿と呼ばれる小さな岩小屋がある。モンブランの初登者、ジャック・バルマとガブリエル・パカールが氷河に踏み出す前にここで野営をしたのだ。二人がこの洞窟を出て、つばの広い帽子を被り、上着にゲートルというでたちで、これから登る未知の空に向かう斜面を探っている姿を想像した。

我々二つのパーティーは、山道にたどり着いたとたんに緊張から解放された。このラ・コットゥ山の周辺はマルセル同様、私もよく知っている。それぞれの場所は私が前に登ってきた時のことを思い出すし、あるいはこの下のボソン村のガイドたちの語った水晶採りや狩りの話に登場した場所だった。

そこでは、白く凍り付いた氷の世界に別れを告げたばかりなのに、突然草や花の匂いがし、鳥やマーモットの鳴き声が聞こえる夏の世界になった。

タコナとボソンの二つの氷河にはさまれた尾根を右に左に曲がりながら続く素晴らしい、慣れた道を辿りながら、私の中ではモンブランに登った満足と、人を連れて行ったという誇りが交差していた。そして、それをまたやりたいという欲求がわいてきたのだった。ガイドになる、という考えが私の頭の中を占めるようになってきた。

山の麓に着くと、この山行のガイド料の支払いの瞬間がやってきた。私自身はそのことはまったく考えていなかった。本当のことを言うと、今回の山行で得たすべての満足に対してお金を受け取るなどということは恥ずかしいとさえ思っていた。幸いにしてマルセルが、ためらいもせず、私のためのお金を受け取ってくれた。客たちが立ち去った後、私は驚きをもってこのお札に触りながら、この金額がどういう風に、あの危険や、労力、あるいは頂上に着いた時の喜びなどに値するのだろうと、考えていた。たぶん、この疑問から、あるガイドたちはその山行の料金をお客に決めさせようとするのだろう。

私を最初のモンブランに連れて行ってくれたガイドのマルセルのことは決して忘れないだろう。彼はその粗野な態度や、悪態の下に大きな感受性の豊かさやたくさんのユーモア、そして山に対する深い知識と経験を隠している。彼の人生の終わりまで、私はつねに彼を尊敬していた。山の帰り、私はいつも彼に挨拶をするために、ラ・コットゥ山の方へ寄り道をした。そして彼の健康状態を確かめた。

彼は心静かな生活を送っていた。冗談を言い、見るからに素晴らしい思い出がいっぱい詰まった自分の人生に満足していた。マルセルは他のたくさんのガイドたちと同じように忘却の中に姿を消した。こうした天と地の間に人生を送った人たち、言葉少なく、しばしば他の登山者の救助活動に携わった人たちがいた。しかしそんな救助のことなどもう誰も覚えていなくて、ましてやそれに参加した人たちのことなど誰も気にしていない。彼等の思い出は粉雪の上の足跡を風が吹き消すようになくなってしまう。彼等の姿はお客たちが送ってくる写真の中に残っているが、新しい世代はそれに名前を付けることさえできないだろう。

高山ガイドになる

十八歳で受験できる年になり、私は国立登山学校のガイド候補生の試験に願書をだした。試験は当時の登山界で有名なアルマン・シャルレが仕切っていた。この試験に関してはその時代の状況を考える必要がある。遭難救助にヘリコプターは使われていなくて、救助活動はガイドの足によって行われていた。そのため、将来のガイドにとっては怪我人を担いで、できるだけ早く谷へ下ろすスピードが重要視されていた。

試験は標高三〇〇〇メートルのテット・ルースの小屋に一泊したあと、モンブランに登頂することから始まった。標高三八三五メートルのグーテ小屋まで最速で行くために時には四つん這いになって登ったのを覚えている。気違いじみた登行だった。そこで、疲れ切った二人の受験生を置き去りにして、行進はつづけられた。その二人はもう試験を去る運命だ。小屋ではほんのちょっとの休憩もなく、我々はモンブランの頂上まで登行を続けた。テット・ルースの出発から頂上まで三時間二〇分だった。まだ夜が明けていなかったので、何の景色も見えなかった。これは私の二度目のモンブランだったが、山行としては何も得るところはなく、私にとってはつまらない山行だった。

数日後、我々はクーベルクル小屋に急いで登っていった。知らされてはいなかったが、これは荷物を背負う訓練で、エグラレの岩の下で仲間を一人背負って不安定なモレーンの石の上を走るものだった。都会育ちの受験生には恐れられた訓練で、グラグラする岩で足首を捻挫させないためには山育ちの人間の足を持つ必要があった。

夕方、小屋脇の岩の上に、台座に乗った彫像よろしくアルマン・シャルレが立った。彼が初登を果たせなかったグランドジョラスを背にして、彼は岩の下に円形に並んだ受験生に、まわりを取り巻く峰々の名前を一つずつ教えた。それぞれの針峰はそれについての冒険談が披露され、最後に彼がすべてのルートから百回も登っている、ヴェルト針峰についての神格化した説明があった。私は話を注意深く聞いて、それらの峰々が前世紀の人たちによって征服された事実に深い感銘を受けた。

一日の終わりの寒気はあっという間にあたりをつつんだ。他の受験生と一緒に私はいつまでもグランドジョラスの上に夕陽が沈むのを見ていた。そして、影が拡がるとさらに凄さを増していくその圧倒的な岩壁をいつの日か登りたいと思っていた。

翌朝、ヴェルト針峰へ出発するために、一時に起床した。アルマン・シャルレはもうすでに起きていて、朝のココアを飲み終えていた。年齢のせいで我々と一緒に行くわけではなかったが、自分の数々の山行を思い出させるこの朝の起床を好んでいた。彼は何も言わず食堂の中を歩き回っていたが、その姿を見るだけで我々はグズグズ食べてはいられない、と感じさせられた。彼は我々を観察し、我々の装備を点検した。それらすべては試験の結果に採点されるのだ。我々の行動はそれが小屋の中であろうと、山でも、あるいは仲間の間での態度だろうと、すべてが細かく記録される。これらすべての評価が、試験官たちにとっては、我々の将来のお客に対する姿勢の指標としてとらえられる。

ベルグシュルンドまでの登行は踏み跡が凍っていたのでとても速かった。それはウインパー・クーロワールの状態も保証してくれ、その後の登攀の安全性にも確信がもてた。シュルンドの段差の大きなクレバスは左岸の岩壁に沿って通過し、それからクーロワールの中に戻り、しっかりとした踏み跡を辿った。それから先の登行は単調だった。前を行く受験生のアイゼンの後について片足ずつ足を上げていくだけだった。あたりが見えてくると、クーロワールはかなり急で、広いことがはっきりと分かる。我々は左岸の岩壁のそばを登っていった。そのほうが安全と思えるのだが、それは単に気持ちの上だけで、というのは、我々はロープを結んでいなかった。

このウインパー・クーロワールは太陽の光が当たると下りはひどく危険なものとなる。アイゼンの底に雪が塊となって付き、爪が役に立たなくなるからだ。滑落の危険があるので、忍耐強く、側壁の岩でロープの長さごとにビレーを取って降りていかなければならない。

風の合間に登攀者たちの言葉の切れ端が聞こえるが、それ以外は絶え間なくアイゼンの軋む音と、

郵 便 は が き

適宜な
切手をお貼り
下さい

〒101-0064

東京都千代田区
神田猿楽町2-5-9
青野ビル

（株）**未知谷** 行

ふりがな	お齢
ご芳名	
E-mail	男

ご住所 〒　　　　Tel. - -

ご職業	ご購読新聞・雑誌

愛読者カード

ご購読ありがとうございます。誠にお手数とは存じますが、アンケートにご協力下さい。貴方様の貴重なご意見ご感想を賜わり、今後の出版活動の資料として活用させて頂きます。

本書の書名

お買い上げ書店名

本書の刊行をどのようにしてお知りになりましたか?

書店で見て　　広告を見て　　書評を見て　　知人の紹介　　その他

本書についてのご感想をお聞かせ下さい。

ご希望の方には新刊書のご案内をさせて頂きます。　　要　　不要

信欄（ご注文も承ります）

ピッケルの手ごたえだけが、我々の登行の道ずれだった。登るにつれてまわりが明るくなった。氷河の下の方はまだ夜の世界に沈んでいる。もう用のなくなったヘッドランプに氷の破片が当たる。

クーロワールの中ほどまで登った時、ヴェルト針峰とジャルダン針峰の稜線に太陽の最初の光が跳ねるのが見えた。まだ影になっている峰々の間に、岩や氷がオレンジの光に燃え出した。それから何分かすると、すべての針峰の頂きはほとんど現実のものとは思えないような優しいバラ色に満たされた。風はなかった。我々は今のところまだクーロワールの寒気の中、冬にいる。私はもっとスピードを上げて、早くあの暖かい光の中へ出たいと思った。

最後にはコルに登り着き、それから短い山稜を辿って、太陽に照らされた頂上に到着した。頂上に達して、もう登る努力が必要ないのは残念な気がしたが、それでもこの評判の高い頂きに登れたことには満足だった。同時に、難しい下降の心配が私を含めてみんなの頭の中をいっぱいにしていた。受験生は下りでのロープさばきや、パートナーのビレーなどの手際を試される。

慣れた者同士だったので、下りは問題なく終わった。しかし、これが将来お客と一緒となると、一瞬も気が抜けないだろうということが分かった。

翌朝、我々はモアーヌ針峰南岩稜の登攀に出かけた。ここはミディのゴンドラができるまで、私の父や同時代のガイドたちによってよく登られた場所だった。

私は昨日ヴェルトで何か間違いをしたか、あるいは試験の初めの頃私がロープなしで登ることに慣れているのを見破られたに違いなかった。その日の教官、イヴ・ポレ＝ヴィラールは私に今日の登攀中、可能なところではすべてビレーの支点をとるようにと言った。そんなわけで、このやさしいクライミングの間ずっとロープの小さな輪をたくさん持っていって、尖った岩がある度にそれにかけて支点とし、後続者がそれを回収してピッチ毎に私に渡すという作業を続けた。けれども、何はともあれ、このことに関して私はポレ＝ヴィラールに感謝しなくてはならない。それは、将来ガイドの仕事をする時のビレーの大切さを教えてくれたからである。

その後、彼と一緒の救助活動の折、私は彼がビレーにたいしてひじょうに慎重なことに注目した。だから、彼がモンブランの南側で、小さな雪崩で死んだことを聞いた時、とても驚き、悲しかった。もし、彼が避けられなかったのであれば、他の誰であろうと、同じように避けられなかっただろう。

高山で何日か過ごした後、クライミングの美しいイメージや思い出で頭をいっぱいにして谷に帰ってくると、毎日の仕事に対する意欲が失せ、自分でもどうしていいのか分からなかった。この特別な感覚は数日続き、理由の分からない高みからの声がふたたび私を呼ぶのだった。五週間の試験講習が終わると、公に国家試験合格のメダルが与えられた。その少し後で、ドリュー針峰が彫られたシャモニー・ガイド組合のメダルがもらえた。私にはそれが特に嬉しかった。試験結果が出た時、私は標高一九〇〇メートルのボソン氷河の縁、ピラミッドにあるうちの茶屋へ父にそれを報告に行った。父は私が大学受験のバカロレアに受かった時よりももっと誇らしく思ってくれた。そして、母は少し心配そうだった。

父と同じにシャモニー・ガイド組合に入ったことは大きな誇りだった。たくさんの伝説を持ち、二世紀にわたる歴史を持つ組織に入れて、私は護られていると同時に自由を感じた。私はすでにこの組

1963年アルマン・シャルレよりクリスチャン・モリエへガイドメダルの授与式。

合の古い人たちと山行を共にし、たくさんの事を彼等から学んでいた。若い者たちはみんなベテランのガイドたちを尊敬していたし、山から下りてきた彼等の話を黙って聞いたものだった。

試験が終わったあと、私はジョルジュ・パイヨと一緒にいくつかの山行をやった。ある日、ペーニュ針峰のよく知られた、けれども難しい、レピネー・クラックを登った。ちょうど核心部で登攀を助けるための一本のロープが下がっているのを見つけた。我々はそれを使わなかったし、若気の至りから、こんなところは誰でも登れるだろうと考えて、それを切ってしまった。何日か経って、ガイド組合で集まりの夜、我々がロープを切ったことを知った何人かの古株のガイドは我々をこっぴどく叱った。そのうちの一人が我々に言った。「君たちだって年をとれば、ある日、この助けが必要になるんだよ」

ガストン・レビュッファと共に

マッターホルンへ

一九五八年、アシスタント・ガイド試験の少し後、ガストン・レビュッファから連絡があって、ツェルマットへ少なくとも一か月行く気はないか、と尋ねられた。それはウォルト・ディズニー社の映画「山の上の第三の男」の撮影のためだった。彼はガイド組合のすべての若いアシスタント・ガイドに同じことを訊いていて、食事と宿泊は保証されるが、日当は出ないと付け加えた。

私はツェルマットを知らなかったし、かの有名なマッターホルンも知らなかった。私は出掛けていろいろなものを見たかった。それで、すぐ翌日承諾の返事をした。何日か後、ガストン・レビュッファはこの申し出を受けた若者は三人だけだったと教えてくれた。彼は我々を集めて「もちろん、君たちには日当が支払われる。私はただ組合の中にまだ冒険心のある若者がいるかどうかを見てみたかったんだよ」と言った。

ツェルマットの町はすべてウォルト・ディズニーの映画のために占領されていた。大きなホテルはみんな満室で、特別列車が映画関係者を毎日ゴルナーグラットへ運んだ。

標高二七〇〇メートルにあるリッフェルホルン全体も撮影隊のために使われていた。ロスアンゼル

刊行案内

No. 57

（本案内の価格表示は全て本体価格
ご検討の際には税を加えてお考え下

ご注文はなるべくお近くの書店にお願い致し
小社への直接ご注文の場合は、著者名・書名
数および住所・氏名・電話番号をご明記の上
体価格に税を加えてお送りください。
郵便振替　00130-4-653627 です。
（電話での宅配も承ります）
（年齢枠を超えて柔軟な感受性に訴える
「８歳から８０歳までの子どものための」
読み物にはタイトルに＊を添えました。ご検
際に、お役立てください）
ISBN コードは 13 桁に対応しております。
総合図書

未知谷
Publisher Michitani

〒 101-0064　東京都千代田区神田猿楽町 2-5-9
Tel. 03-5281-3751　Fax. 03-5281-3752
http://www.michitani.com

8 歳から 80 歳までの子どものためのメルヘン

岩田道夫の世界

岩田道夫作品集　ミクロコスモス ＊

出した作品は一切他人の目を意識せず、ひたすら自分のためだったと彼は
た。極めてわずかな機会以外は作品を発表することもなかった。母の従兄
さとる氏に読んでもらう以外はまったくの独学で、夥しい量の時間を、ひ
旭川で創作と勉学と研究に費やした。岩田道夫の美術作品。フルカラー
は天才だよ、作品が残る。生きた証も人柄も全てそこにある。
はそれでいいんだ。」（佐藤さとる氏による追悼の言葉）

A4 判並製 256 頁 7273 円
978-4-89642-685-4

のない海＊

たは　本棚の中で／書物が自分で位置を換え／ドオデが一冊　ゾラの上へ
じ登ったりなにかすることに／お気づきですか？表題作他10篇。

192 頁 1900 円
978-4-89642-651-9

靴を穿いたテーブル＊

走れテーブル！　言い終わらぬうちにテーブルはおいしいごちそうを全部
にのせたまま、窓を飛び越え、野原をタッタッと駆け出しました。……
題作より）全37篇＋ぷねうま画廊ペン画8頁添

200 頁 2000 円
978-4-89642-641-0

楽の町のレとミとラ＊

は丘の上で風景を釣っていました。……えいっとつり糸をひっぱると風景
っそりはがれてきました。ブーレの町でレとミとラが活躍するシュールな
。挿絵36点。

144 頁 1500 円
978-4-89642-632-8

ファおじさん物語　春と夏 ＊

978-4-89642-603-8　192 頁 1800 円

ファおじさん物語　秋と冬＊

978-4-89642-604-5　224 頁 2000 円

誰もが心のどこかに秘めている清らかな部分に直接届くような春夏
秋冬のスケッチ、「春と夏」20篇、「秋と冬」18篇。

らあらあらあ　雲の教室 ＊

ュールなエスプリが冴える！　**連作掌篇集　全45篇**
下に出ている椅子は校長先生なの？　苦手なはずの英語しか喋れない？　空
ら成績の悪い答案で出来た紙飛行機が攻めてくる！　給食のおばさんの鼻歌
いろんな音に繋がって、教室では皆が「らあらあらあ」と笑い出し……

192 頁 2000 円
978-4-89642-611-3

ふくふくふくシリーズ　フルカラー 64 頁　各 1000 円

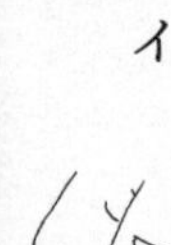

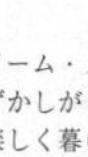

ふくふくふく　**水たまり＊**　978-4-89642-595-6

ふくふくふく　**影の散歩＊**　978-4-89642-596-3

ふくふくふく　**不思議の犬＊**　978-4-89642-597-0

ふくふく　犬くん　きみは一体何なんだい？　ボクは　ほんとはきっと　風かなにかだと思うよ

イーム・ノームと森の仲間たち ＊

128 頁 1500 円　978-4-89642-584-0

イーム・ノームはすぐれた友だちのザザ・ラパンと恥ずかしがり屋のミーメ嬢、そして森の仲間たちと毎日楽しく暮らしています。イームはなにしろ忘れっぽいので　お話しできるのはここに書き記した９つの物語だけです。「友を愛し、善良であれ」という言葉を作者は大切にしていました。読者のみなさんもこの物語をきっと楽しんでくださることと思います。

スでガストンは個人的にウォルト・ディズニーに会ったのだが、その時彼は山がこの映画の中心的骨格になる、との指示を受けていた。ストーリーは一八六五年のマッターホルン征服の悲劇に基づいているので、各シーンは十九世紀後半の衣装や装備で、ひじょうに細かく準備されていた。ジョルジュ・テイラッツと彼の息子のピエールは撮影の仕事を請け負っていた。マルセル・ビュルネ、ノルベール・フォンテイン、ジョルジュ・バルマ、そしてジャン＝ポール・シャルレなどシャモニーのガイドたちはもう現地にいて、マイケル・レミーやジェイムズ・マッカーサー、あるいは映画、「クワイ河マーチ」の中で医者の役をやったジェームス・ドナルドなどの代役の仕事をこなしていた。マッターホルンの標高の高いところでのすべてのシーンは我々のチームの仕事だった。

ツェルマットで、私は最初にミシェル・クロの墓を見に行った。マッターホルンの初登の帰りに死んだシャモニーのガイドだ。彼はこの初登のパーティーの中で最も経験のある人物だった。けれども、こちらでは彼の業績はあまり評価されていないように思えた。あるいは、私の思い違いかもしれない。シャモニーとツェルマットはいつもライバル関係にあった。そして、こちらのガイドたちはシャモニーの名前が出ることに嫉妬していた。その敵意は映画撮影中にも感じられ、今日でもまだ続いている。

地元のガイドたちは教会脇の石に腰掛け、パイプを口に、足を組んで、我々が上へ行く唯一の道を登ってくるのを、上眼使いに物欲しげに見るのだった。例外はあった。地元のガイドのペランはとてもひらけた精神の持ち主で、我々とよく付き合い、いろいろと助けてくれた。

少しずつ、私はツェルマットを発見していった。馬車だとか自動車のないこととか、時の経過が魅力的な色に染め上げた木造の家々など。特に強く印象に残ったのはその静寂だった。まるですべての活動には消音器がつけられているのではないかと思った。叫び声をだすことなどは不作法だという雰囲気があった。電気自動車は滑るように道を走った。ただ馬のひずめが立てる音だけがこの静けさを乱すものだった。制服を着た御者は通行人など見ていないかのように高い御者台に坐っていた。

撮影の間、いくどとなく私は付近を歩き回ることができた。そして、とても急な斜面にまで放牧がおこなわれているのを見た。この八月の終わり、村の上の方ではエーデルワイスがたくさんあった。これはシャモニーの花崗岩地帯にはない花だ。

マッターホルンは人がツェルマットに着くと《理想的な形の山》として、その素晴らしいピラミッドを現す。その高さはまわりの景色の存在をつぶしてしまう。アルピニストでさえ、この空へ向かって伸びあがる山の姿に心を奪われる。それは、たぶん他の山より以上にその巨大な岩稜や岩壁の表す登攀がどんなものかを想像させるからだろう。初めてこの「巨大な牙」のような姿を見た時、私は登りたいという気持ちと一種の不安を覚えたことを白状しよう。後にシャモニーからツェルマットへのオートルートを行った時にも、ヴァルペリーヌの峠の出口で、広い雪の原の向こうにマッターホルンが立っているのを見た時にも同じ感動を味わった。

我々はウォルト・ディズニー・チームの撮影設備のすぐそばにあるリッフェルホルンの岩場でクライミングの場面をいくつか撮影した。我々の間の雰囲気はとても良かった。つねに冗談が飛び交った。いつも人を笑わせる言葉を用意しているジョルジュ・テイラッツはこの仕事の間中「リッフェルホルンのアイベックス」のあだ名をちょうだいした。近くにはこの一隊の存在をまったく恐れない、カモシカの群れが歩き回っていた。私はいくつかのシーンの撮影を見学することができた。岩には人工の雪がまかれていた。俳優の一人が顔を歪めて岩を登る場面があった。彼はそれからスリップして、叫び声を上げ、虚空へ落ちてゆくのだった。だが、現実には彼の足は機械的に上下する台にのっていた。

いろんな色のペンキの入った缶のそばで地面に寝転がって空を見ている男がいた。不思議に思って、彼の仕事を聞いてみると、「撮影の途中で、俳優の靴の色をかえなきゃいけない場合にそなえてここにいるのさ」と彼は言った。

我々の仕事の大半はヘルンリ小屋の上、マッターホルンの下部岩稜で行われた。撮影場所は北壁の氷河の断崖の端で、クレバスに落ちるシーンが撮られた。ピエール・テイラッツが落ちる役に選ばれた。最初の撮影で彼は肋骨を二本折った。それで、私がその代役をやることになった。場所はもう少し危険の少ないところへ移動された。後ろへ倒れて、転がり、クレバスの代わりになっている凹みへ消えるのを四回やった。それはまったくうんざりするようなリハーサルだった。ガストンが私に近づいてきて、彼はこの墜落の回数を数えていて、その度に割り増し料金がもらえるということを教えてくれた。

我々はマッターホルンの上部でも仕事をした。ふだんは救助活動と、動けなくなった登山者のためだけの、標高四千メートルにあるソルベイ小屋を使う特別許可をもらっていた。何日か経つと、ヘルンリ稜にもうすっかり慣れてしまった。我々はこの岩稜を毎日上り下りして、チームの必要物資や三百キロの機材を上げた。登攀は易しいもので、ルートさえ間違えなければクライマーにとってのルートとしては無味乾燥なものだった。ガストンはマッターホルンを《小石の素晴らしい積み重ね》と定義した。登りもそうだが、特に下りではひじょうに集中を要求される。ちょっとした踏み違えが、斜面が急なので重大な結果になるからである。ガイドは下山ではヘルンリ小屋の上の小径に着くまで注意を怠ることができない。雪が降ると、ルートは雪と氷のミックスとなり、アイゼンをはいた真剣勝負となる。

何年か後で、自分がガイドとして、アルピニストで作家のアンヌ・ソーヴィとこの稜を登るつもりでやってきたことがある。その朝、天気はあまり良くなかった。その後の登攀が続けられるかどうかは分からなかった。黒い雲の帯が遠く、テスホルンやオーベルガベルホルンの頂きを埋めていた。私は小屋からの出発を渋っていたのだが、女性の一パーティーが岩稜の方へ向かっているとアンヌが私に教えたので、とにかく最初の岩場まで行ってみることにした。出かけなければならないような気になったからだ。最初のコブを越えると、もう少し先まで行くことにした。そうして登ってゆくと、だんだん調子がでてきた。先行パーティーは女性だからと思ったが、追いつくことはできなかった。不安定な天気のために、ルート上にはそれ以外のパーティーはいなかった。雲が四方八方から押し寄せて我々を襲ってくるようだった。

ルートの中ほど、ソルベイ小屋の下までくると、雪片が舞い始めた。先行の二人の女性は途中で引っ返してくるだろうと思ったのだが、そんな気配はまったくなかった。雲の切れ目からときどき彼女たちの姿が見えたが、それはずっと頂上を目指していた。

もし、先行する彼女たちがいなかったら、私はもうとっくに引き返していたのではなかっただろうか？　何がこうして登行を続けさせるのだろうか？　あれは女性たちだからという間違ったプライドからか、あるいは中止の要因を理解しないに違いないアンヌの眼差しか？　そうした理由が、状況を過度に悪くとらえないようにさせたのかもしれない。アンヌは素晴らしく調子が良く、私は彼女の技術の確実さと、彼女の強い耐久力を頼りにすることができた。それに、天気は嵐というわけではなかった。それは普通の悪天候で、このルートは私の良く知っているもので、間違えるということは考えられなかった。

雪は足場を滑りやすくした。それで、我々はアイゼンをはいた。上部の固定ロープは寒さと氷のせいで掴みにくくなっていた。そこを過ぎて、すぐ近くの頂上を目指して我々はペースを上げた。その時、先行パーティーはもう下りにはいっていた。二人の女性は、今日のこのひじょうに条件の悪い状況でも、楽々と行動していた。二人と出会った時、アンヌが彼女たちと言葉を交わした。少し後で、アンヌはこの二人はポーランドの最強の女性アルピニストで、ヒマラヤの八千メートル峰への出発前、高山での難しい条件でのトレーニングをするためにやって来たのだ、と報告した。

この二人のアルピニストが、最強の人たちの一員であることを知って、私は少し安心した。悪天候時のマッターホルンは数々の技術的難しさをあらわし、誰でも可能というわけにはいかないからである。

頂上に着くと十字架は風で渦を巻く雲のせいで広大な虚空の上に両手を広げているように見えた。まわりの景色は何も見えず、それですぐに下ることにした。固定ロープの下は墜落した初登攀者たちのことを考えて用心して通過した。

撮影の仕事の間、ある日、素晴らしい天気だったので、我々は四四八四メートルの頂上に八時間いた。初めて頂上に登った時、とにかく私を驚かせたのは、この山のまわりに拡がる広大な空間だった。この印象をさまたげるような頂きが近くにないからだ。私の知る限りでは、このようにまわりを支配し、空中に浮かび、孤独を感じさせるのはこの山だけだ。レピュブリック針峰の数センチ四方の頂上に立った時でも、東側と北側に千メートル以上の深い虚空があるが、それでもこの印象を持ったことはない。それは南東側のすぐそばにシャルモの針峰がひかえているからだ。飛行機から見る時のように、景色はその高さのせいで周囲の山を目立たなくする。モンテ・ローザでさえ、ここより高いのに、遠くにあるので縮こまって見える。同じような景色の感じはモンブランの頂上や、ペルーのワスカランの頂上でもあった。ワスカランではまわりの尖った峰々は消えてしまい、西側に太平洋の青い拡がりがあり、東側には5000キロにおよぶアマゾンの森の緑の絨毯が続いていた。

頂上からの景色はたしかに美しいが、個人的には登っている間に近くの山々とその重なり合った岩稜、雪稜を見ながら、それらのおびただしい画像の中に登攀ルートを描いてみるのが好きだ。

後で、この映画を見た時、我々が高山のしばしばひじょうに切り立った虚空の上で撮影したシーンはけっきょくたいして使われていなかったことが分かった。我々が参加した場面は後にハリウッドのスタジオで石膏でできた人工の岩場で撮り直されていた。

ビオナッセイ針峰

次の夏のシーズン、ガストン・レビュッファが彼の映画、「天と地の間に」の仕事に参加しないか、と私に聞いた。彼は人を説得する材料をいつも見つけるのだが、それで「引き受けてくれたら嬉しいよ、何と言っても私に山を教えてくれたのは〝青年登山学校〟での君のお父さんだから」と言うのだ。

我々はビオナッセイ針峰の北壁を登りに出かけた。ピエール・テイラッツが撮影を担当し、ガストンの友人で火山の専門家、アルン・タズィエフが一緒に行くことになった。テット・ルース小屋に集合することになっていたので、私は一人でローニュ稜から、もう廃屋になった国境小屋まで登っていった。薄い霧がでて動きのある青空を背景に岩稜がくっきりとそそり立っていた。実は水晶を見つけられないかと思ってその場所を通ったのだが、雷に焼かれた板状のものがいくつかあっただけで、あまり価値のないものだった。

着いたのは遅い時間だった。夕陽のバラ色の光線が足元の雪を染める素晴らしい時、小屋の下の岩壁は一瞬の間、夕日の赤い色の中にくっきりと浮かんで見えた。アラビス山脈のほうでは、影の中から立ち上がる夕方の雲に夕陽がからんで燃え上がった。背後ではグーテ針峰の黒い岩までもが、暗いブルーの空の下で黄金色に輝いていた。ビオナッセイ針峰を見ると、ほとんど緑に見える空の中に北壁がそそり立っていた。アルン・タズィエフは岩の上に立って、この景色に見入っていた。彼の火山の熱でなめされた顔は光の中で赤銅色に輝いていた。彼が言った「こんなところへいったい何をしに行くんだって、言う人がいるんだけどなあ……」

その夜は標高三一六七メートルのテット・ルース小屋に泊まった。この小屋は小さい氷河の下にあるのだが、一八九二年七月一二日に突然氷河の内部にあった水溜まりが崩壊して下のビオナッセイ村、ファイエ村そしてサン・ジェルベの盆地へ土石流を流し、百七十五人の死者と甚大な被害を及ぼした。あんな小さな氷河がそれだけ多量の水を保持していたとは信じがたいことだ。現在では水を排出するトンネルが掘られ、水が溜まる危険を回避している。

出発は夜。ヘッドランプで平板な岩を辿って、ビオナッセイ氷河に下りた。氷河に下りると我々のランプの光はすでに朝の前触れの光と月光の白さの中に紛れ込んだ。硬い雪の斜面を登りだすと、頭の上に大きなセラックが壁からはみ出していて、その巨大な影は一歩ごとに我々を脅しているように思えた。場所によっては段差のある大きな氷の壁がその白い肌をまだ星が二つ残っている空に突き上げていた。それらを避けるために我々は右にトラバースをしたり、また目指すルートに戻るために左にトラバースしたりした。

北壁の寒気の中を三時間登った後、頂上山稜の暖かい太陽の中に飛び出すのは素晴らしいことだった。その山稜を縁取っている巨大なセラックの下で、ドーム・デュ・グーテの真っ白な斜面を背景にかなりの時間を費やして映画を撮った。ドーム・デュ・グーテへ登った後、我々は午後の終わり、岩の上に建っているグランミュレの小屋へと下っていった。撮影はひじょうに時間がかかった。つねに「光の条件が良くなるのを待つ」からだそうだ。私が理想的にいい場所で、いい瞬間だと思っても、専門家は光がつまらなく、平板で奥行のない絵になってしまうと言うのだ。

プティ・プラトーで大きな雪崩が起きて、行く手をふさいだ。誰もがその瞬間にいなくて良かったと思った。落ちたばかりのまだ青い氷のブロックがその跡に散らばっていた。セラックの巨大な塊がずっと先、モディット圏谷のほうまで滑ってゆき、後ろに破片をまき散らして、跡をつけていった。我々は脱水症状になっていてプラン・ドゥ・レギュイユまでの帰り道、横切る流れがある度に水を飲んだ。

アルン・タズィエフはこの氷河の登行に完全に魅せられていた。疲れを感じないように元気で、撮影が要求するすべての仕事をこなしていた。彼は自然を誠実に愛していたし、その保護に熱心だった。何年も後で、地球に関するテレビ番組を見ていて、彼が環境大臣になったことを知った。

我々の撮影は続いていて、それからヴァレ・ブランシュのセラック帯の上部に行った。ここは表面が雪に覆われていて平に見えるが、下にはたくさんのクレバスが隠れている。アルンはロープもつけずに右や左に跳び回っていたので、私はそんなことをしていると、やがてスノーブリッジを踏み抜いて死ぬことになると言った。彼はいやいやながら腰にロープを巻いた。それからは安全が確保されたのだが、ある時ロープが足にからまってしまった。すると、彼はロープをいやがりヴァレ・ブランシュの上空を横切るロープウェイのケーブルにまで文句をつけた。「クリスチャン、今夜あの邪魔なケーブルを爆破するぞ……」。その言い方が面白くて、私は彼を見た。けれども、まんざらそれは百パーセント冗談でもないような感じだった。

たしかにそれは実現不可能ではあったけれど、彼は山塊を横切って張り巡らされているこの不純物を本気で取り除きたいと思っているようだった。

ボナッティ稜

その後少し経って、我々はドリュー針峰のボナッティ稜を登りにいった。我々は二パーティーで、ガストン・レビュッファと私、そしてスイス人のユベールとピエール・クルトンがロープを結んだ。我々の登攀をピエール・テイラッツが、この岩壁の正面に位置するフラム・ド・ピエール山稜から撮影することになっていた。ボナッティ稜は当時まだあまり登られていなくて、大登攀とされていた。ユベールはすばらしいクライマーで、すでにそれまでの他のパーティーよりずっと早いタイムでここを登っていた。

我々は稜の取り付きへ直接いけるクーロワールを登っていった。ロープは結ばなかった。ドリューとフラム・ド・ピエールからの落石がすべて集中する、このすり鉢の底のような場所では各自自分のことしか考えられない。登攀中にビバークを予定していたので、ザックは重く、登行の速度は上がらなかった。登りながら、私は前年の冬、ここを試登しに来た時のことを思い出さないわけにはいかなかった。パーティーはジョルジュ・パイヨとマルク・マルチネッティで、我々は少々あわてて出発してきた。パリの連中が我々より先にここの冬季初登を狙っているのを知ったからだ。けれども、その日、すべては計画通りにはいかなかった。我々はエギュイユ・ミディからヴァレ・ブランシュをスキーで下って、アプローチする計画だった。すべての装備はソリに乗せて、引っ張ってゆく。けれども、雪が悪くて、セラック帯ではソリが雪に埋まって進めず、けっきょくはすべての荷物を担いでいかな

ドリュー針峰の西壁。1997 年以来この壁はたびたび大崩壊を起こし、多くの有名なルートが無くなった。写真は崩壊後のもの。
Photo:Shinichi.Sato

ければならなかった。その重量でスキーを滑らすのもまた難しかった。

一〇時頃我々はルートの下に辿り着いた。それから六時間、時には腰まで雪の中に沈みながらモレーンを登った。そうやって、クーロワールの下、ロニョンまで登って、ビバークした。苦労はそれで終わったわけではなかった。翌朝、出発から粉雪が厚くかぶったクーロワールでは深いラッセルをするために五〇メートル毎にトップを交代しなければならなかった。幅の狭まった、ノドの部分の岩にはヴェルグラが張り付いていて越えるのにひじょうに苦労した。そのうえ、ここでロープ操作を誤って、ロープを一本無くしてしまった。けれども、その先は雪は硬く締まっていて、夜になる前にフラム・ド・ピエールのビバーク地点に着くことができた。眠れぬ一夜を過ごした後、我々はいよいよ本当の難しい登攀が始まるところまで登っていった。そして、一本のロープだけでクライミングを開始した。条件は良くなっていた。天気は良かったし、岩は乾いていた。

けれども、疲れと、ロープの紛失と、それにたぶんトレーニング不足のため、もう気力が萎えていた。一〇〇メートルほど登ったところで、敗退することを決めた。下る途中、雪のついたクーロワールの中でマルクが楽をするために、ザックを放り投げて、下で回収したらどうかと提案した。そうすればザックは四〇〇メートル下の最後の出っ張りのところまで問題なく滑っていくと考えたのだ。ジョルジュと私はこの奇抜なアイデアにただ笑うだけだったが、マルクはすぐに実行に移して、自分のザックをクーロワールの上から投げた。最初は我々の友人の考えが正しかったように思われた。ザックはうまく斜面を滑っていった。それから、突然速度をあげ、回転しはじめ、そして空中へ飛び上がった。一瞬見えなくなり、クーロワールの二股のところで高く飛行した。一時間後、雪崩でできた小山まで下った時、ジョルジュと私は笑いをこらえることができなかった。そこら一面にマルクのザックの中身が散らばっていた。そうして干しぶどうやアプリコット、羽毛服の切れ端の中を歩くことになった。マルクはもうそれを拾おうともしなかった。我々よりも身軽でシャモニーまで早く帰れるから、と負け惜しみを言った。

ジョルジュと私にとって、このマルクの大失敗は敗退の沈んだ気分を和らげてくれた。けれどもこうした不成功に終わった山行の後、これは失敗だったし、この山行は行うべきではなかったと反省した。

話をガストン・レビュッファとの登攀に戻すと、昼頃、我々はドリュー西壁の最初のクラックに取り付いた。はじめてのルートに出かける時、そして特にドリューのこの伝説的なルートに対しては、それが技術的に難しく、長く、虚空に張り出しているせいで、まったく新しい感動を与えてくれるものと期待していた。今日の登攀ではそうしたものがすべてそろっていた。クライミングは大きな喜びを与えてくれたし、登るにつれて峰々の景色がフラム・ド・ピエールの岩稜の後ろから現れてきた。天気は良く、トレーニングを積んだおかげで私は調子が良かった。そして、ロープを結んでいる仲間はみんな信頼のおけるクライマーだった。

四時間にわたる、ときには重いザックのせいでひじょうに骨が折れる、しかし素晴らしい登攀の後で、大きなオーバーハングの下にあるテラスに着いた。そこでビバークする予定だった。できるだけ居心地をよくするように準備をし、自分たちのビレーのためにハーケンを打って、眠りについた。天候が変わり始めたのに気が付いたのはこの時だった。アラビス山脈の方で夕陽の赤い光線が黒く長い雲にいきなり遮られた。空は地平線までインクのような色になった。

私は自分を取り巻く岩ばかりの世界を見ながらビバークザックの中に縮こまっていた。音はなかった。ときどき、風が我々のビバークサイトに冷たい霧の切れ端を吹き付けてきた。すべては灰色になった。

オーバーハングに向かって顔を上げると、我々の上、五〇メートルの空間に二つの靴の底が見えた。私は夢を見ているのかと思った。しかし、それは幻覚ではなかった。たしかにそれは山靴だった。ガストンにそれを見たかどうか訊いてみた。驚きもせず、彼は空中に吊り下がっているこのクライマーを確認していると答えた。「明日の朝まで、このことは君たちに話すのはやめようと思っていたんだ。

いずれにせよ、今夜は何もできないんだから」と彼は付け加えた。

遠く、雲の中で稲妻が光り、嵐が来る予兆となって不穏な雰囲気が漂った。みんな、それぞれ自分の中に閉じこもって、不安をかかえて明日を待った。いつものように、夜は寝たり起きたりの中で過ぎていった。そして雷鳴が我々のビバークテラスに近づいてくるように思われた。

ついに、フラム・ド・ピエール岩稜の切れ目から朝の光が夜の霧を通して射してきた。冷たい雲が我々のビバークサイトに渦巻き、それから速度を上げてオーバーハングを越えていった。ときどき霰が我々のツエルトの屋根を叩いた。私は遠い孤島にいるような、風にさらされたこの小さなテラスに閉じ込められたような気がした。

ガストンはつねに冷静で、自分の寝袋の中に寝ころびながら「嵐が来る前に下りなきゃ」と落ち着いて言った。私は頭上にぶら下がっている登攀者のことを言わずにはいられなかった。

「もうずいぶん前から、彼はあそこにいて、誰もどうすることもできないんだよ」と彼は答えた。

各自出発の用意を始めた。悪天候の中、岩壁を三〇〇メートル、そしてその下のクーロワールを下降するのだ。最初の懸垂から難しさが待っていた。体のまわりに通したロープが濡れていてうまく滑らない。壁の途中まで来た時、嵐が激しく我々を叩きはじめた。

いくつかの懸垂の最後に、先に下りた仲間のいるテラスに行くために振り子トラバースをしなければならないところがあった。ところが私はテラスより下まで降りすぎてしまって、戻れなくなった。とてつもない不安にかられた。必死で、両手でロープにしがみついた。というのは、作業を急いで、また湿ったロープがからむのを避けるために、ロープの先を結んでコブを作っておかなかったからだ。

手をゆるめて、ロープが滑ったら、そのまま落ちてしまう。仲間たちは雲の切れ間にやっとぼんやり見える。彼等は私を見ているが、それはとても遠くで、もうとてもそこまでは辿りつけないような感じがした。誰か助けてくれないか、と思うのだが、誰も動かない。嵐が我々を引き離している。それで、自分でなんとかしなければ、という覚悟を決める。しかも、急いでだ。ロープに吊り下がったまま、何度か振り子のように岩壁を行ったり来たりし、最後に勢いをつけて仲間のいるテラスに突進した。片手が岩角をつかんだ。そして、足が小さな出っ張りを探り当て、仲間のいるテラスに腹ばいになって飛び込んだ。

岩壁が終わると、今度はクーロワールの上部を横切らなければならない。そこでは、落石がうなりを上げて飛んでくる。ボソン氷河のモレーンで受けた落石事故以来、私は落石をひどく恐れるようになっていた。ここでは、石はドリューの上部から飛んでくるので、それを避ける方法はなく、いつ当たってもおかしくない。

最も危険なのはクーロワールが二股に分かれ、広くなる手前の両岸がせまっている場所だ。我々は嵐と雨の一斉射撃の中を懸垂で急いで下る。自分が懸垂でワンピッチ下り終えると、次の仲間のくるのがひどく遅く感じられる。落石の危険に身をさらしているからだ。けれども、反対の立場で仲間が先に下りていれば、彼は私が懸垂に手間取っていると思うだろう。この井戸の底のような場所では雷鳴が大きく響くので、落石のうなりは聞こえない。けれども、それはいきなり花崗岩に当たり、破裂音がして、あたりに火薬の匂いをまき散らし、白い跡を残す。雨がすぐにそれを洗い流す。幸いにして、疲れが不安を軽くしてくれ、運命論が勝ちを占める。神のご加護を！　どうにでもなれ！　と思うのだ。
クーロワールが広くなって、一息つくことができた。懸垂下降が終わって、各自それぞれで下りはじめる。落石はもう直接には飛んでこない。けれども、まわりの岩に落ちて跳ね返る。それは、我々に避ける機会を与えてくれるし、ザックを頭の上にかかげて身を護ることもできた。
そうやって、ついに我々はクーロワールの下に着いた。ずぶ濡れで、疲れ切っていた。それからのモレーンの下りは特筆するべきことは何もない。下りながら今日の忘れようもない一日について考えていた。まったく運が良かった。そして、誰も怪我をしなかった。

翌日、天気は回復して、オーバーハングの上で行き詰った二人のクライマーのために救助隊が登っていった。少し後で、我々は救助隊がこの遭難したパーティーに到達したことを知った。二人はオーストリア人で、残念なことに一人がオーバーハングの上で滑落して空中にぶら下がった。そして、上がることができず、ロープに締め付けられた。死は避けようもなかった。救助隊は生き残ったクライマーを引き上げ、彼の相棒を切り離した。

ふたたび出かけていって、ルートの残りを完成させ、映画の続きを撮影するために好天の再来を待った。天気が良く、暖かいとすべてはまったく違ったものになる。クライミングは大きな喜びとなり、バラ色のホールドのたくさんある美しい花崗岩を、虚空の上で、過度の努力をせず一メートル、一メートルと獲得してゆくのは本当に素晴らしいことだった。

ドリュー針峰、ボナッティ稜を登攀の後、頂上で。

左から、ガストン・レビュッファ、ピエール・クレトン、クリスチャン・モリエ、 そしてマリア像。

それから、何十年かして、この硬くてしっかりした岩の柱が気温上昇のせいで内部の氷が溶けて崩壊するなどと誰が想像しただろう。（二〇〇五年、この巨大な岩の柱は崩壊し、ルートはなくなってしまった）

ヴェルト針峰、トリダン

アシスタント・ガイドとして、それからも私はガストン・レビュッファと山行を共にした。それは昔でいう〝ポーター〟としての役割で、お客の補助をし、必要とあればそのザックを持ってあげる。ガストンにとってお客を連れてゆくというのは聖なる仕事だった。今回は、明日ヴェルト針峰をモアーヌ山稜から登る目的で、クーベルクル小屋を目指していた。お客はユヴェール・ブーヴーメリー氏で、大新聞《ル・モンド》の重役だった。彼の歩みはかなり遅く、小屋に着くまでずいぶんと時間がかかったので、私はそれから先のことが心配になった。

朝、条件さえ良ければ、技術的にはそんなに難しくない、けれども長いルートに出かけるにしては遅い出発となった。最初の岩場からお客は不器用でクライミングがぎこちないことに気が付いた。それでガストンにそっと「モンシューはサルペだよ（ガイド間の隠語で、モンシューはヴァカンスに来るお客。サルペは足元のおぼつかない人）」と言った。ガストンはひじょうに時間がかかっていること、そして我々の登攀が遅いことは良く分かっていた。しかし、何も言わなかった。

我々がまだ山稜に達しない最初の岩壁にいる時に陽が当たり始めた。それで、私はガストンに山行を中止して下ったほうがいい、と言った。すると、彼は怒って「問題外だ！　やめるかどうかの決定は彼がするんだ」と答えた。

それで、我々はさらに遅くなりながら登攀を続けた。この太陽の当たる側のルートでは暑さがひどくなってきた。

突然、我々の真上で岩の崩れる音がして、岩屑の雲があちこちに拡がった。ガストンがザックを頭の上に乗せろ、と叫んだ。落石があちこち跳ねながら、うなりを上げて我々のまわりに飛んできた。さいわい、誰にも当たらなかった。一斉射撃は終わった。しばらく静寂があった。それから、上を見るためにザックを下した。危険は過ぎ去った。落石に削られた花崗岩の匂いがあたりに立ち込めていた。我々はしばらくそこに動かないでいた。その時、お客が下のタレーフル氷河の方を向いて、もう登るのをやめたい、と言った。ガストンと私がひそかに安心したことは言うまでもない。

また他の時、ガストンがお客に対しての心遣いをするのを見る機会があった。それはかなりの年のアメリカ人だった。グラン・カピュサンの向かいにある二〇〇メートルのバラ色の花崗岩でできた、カミソリの刃を立てたような素晴らしい岩峰、トリダン針峰でのことだ。結論から言うと、私は彼のすぐ下で一歩毎に彼の足をスタンスに置いてやらねばならなかった。私はガストンにお客は果たしてこれを楽しんでいるのだろうか、と聞いた。ガストンは彼がそれを続けているのだから、楽しんでいるんだろうよ、と答えただけだった。実際、我々が空中に浮かんだ城のような、花崗岩の一枚板の頂上に着いた時、彼はその景観を前にして喜びを爆発させた。何はともあれ、ここまでたどり着いた満足が彼にはあったのだ。

ガストンの数々の講演旅行の合間に彼と一緒にいられるのは大きな喜びだった。アルプスの有名な北壁が拓かれたすぐ後、彼はそれらの壁をすべて登っているのだが、危険が好きなわけではなく、死をもてあそぶことが好きなわけでもないとはっきり言っている。敗退を決めること、そして安全に下山することを重要視していた。彼は山での死は失敗であると考えていた。

ガイドという職業に関しては《世の中で最も美しい職業》だと言った。それで、ガイド組合の年次総会で、ガイドが山や救助活動について、あるいは牛や森について語らず、保険や日当や購入品目の予算についてばかり議論するのを残念なことだと思っていた。

八月一五日のガイド祭りについても話したことがある。ガストンはこの祭りにガイド組合の制服を着てくることは決してなかった。いつもの彼のジャガード編みのセーター姿で、会長もそれは彼のユニフォームだと認めていた。彼はこのお祭が、だんだん観光的な色彩を帯びてきた、と残念がった。けれども、彼はつねに忠実に参加した。私はそうは言っても、ガイドのお客や観光客は喜んでいると彼に言ったことがあるが、そういう私も組合に入った時に結んでそのままのネクタイを首にかけるのは苦手だった。

モンブラン山塊で、彼と一緒に初登のルートを登ってみたかった。ある日、ブラン針峰の〝ライアン・ルートのすぐ左〟に新しいルートをやろうと誘われた時、その機会は訪れた。この登攀を一緒にできることはとても嬉しかった。残念なことに、アンヴェール・デ・ゼギュィユの小屋で一泊した後、三ピッチ登ったところで、いきなり雪が降りだすという悪天候にみまわれた。それ以来、機会はおとずれなかった。

ほとんど毎回、会うたびに、彼はアンナプルナへの遠征の話をした。その山での出来事やメンバーのフランスへの帰還の旅の苦労は彼にとっては苦い思い出だったのだ。この遠征は彼の人生での転換期になり、その後、彼はこの遠征隊の隊長に対する敵意をほどくことが難しかったようだ。

それから、彼は病に侵された。それを私に包み隠さず話してくれた。痛みが増すにつれて、彼は頂上を目指すために戦ったのと同じエネルギーを病魔に打ち勝つために捧げていた。その回復への希望、やりたい計画、そして失望についても彼は打ち明けてくれた。それらすべてを通して、それを乗り越えるための彼の激しい闘志が感じられた。

第五章　山　私の世界

フーの南壁

一九六一年、シャモニー針峰群の中でフー針峰の大きな南西壁はまだ誰にも登られていなかった。それはクラシックな方法でのクライミングにおける最後の課題の一つになっていた。クラシックな方法というのは、リスにハーケンを打ち、あるいはクラックに木の楔を打って登るというもので、岩に穴を穿ちそこにボルトを設置するという方法が開発されたのは、それからまだ十年も後のことだった。

岩壁は高さ四〇〇メートルの大きな垂直のスラブからできていて、ところどころオーバーハングしていた。壁の下部は中ほどまで右から左へクラックが走っていた。ブレチエール針峰のアンベール氷河から深くえぐれたクーロワールが壁の取り付きまでのルートになっている。

スイスやイギリス、そしてフランスの経験豊かなクライマーたちが偵察や試登を繰り返したが、その難しさで、どのパーティーも敗退した。そうした大胆なクライマーたちの中にアメリカ人のゲーリー・ヘミングやジョン・ハーリンもいて、彼等もこの冒険に手をそめた。その頃、シャモニーの街なかにはあまりたくさんの人がいなくて、私はよく彼等と出会った。ジョンのほうはより稀だったがゲ

シャモニー針峰群。左端がブレチエール針峰、中央にプラン氷河と小さく見えるプラン針峰、右端がペーニュ針峰：S

ーリーの姿は遠くからでもすぐ分かった。まるで食事をしていないように細く、動作は少しぎこちないように見えた。赤みがかったブロンドの髪は一度も櫛を入れられたことがないようで、笑みをたたえた眼をしていた。けれど、山の話となるとその眼は輝きを増すのだった。

　仲間たちと同様に私も彼の気取りのない、金銭にはまったく関心のない人柄に魅了されていた。当時のやっかいものであると同時に魅力的でもあった、あのヒッピー運動の一種の象徴的存在に彼はなっていた。彼にしてみれば、我々がガイド見習いとして山でいくらかの金を稼いでいることを悪く思ってもいいはずだったが、我々がほとんどの時間、金を稼ぐこととは違う、自分たちの山をやっていて、クライミングをすべてに優先させていることを知っていた。そんなわけでこの初登攀争いにお互い敵意は抱かなかったし、むしろ、ある日命を落とすことになるかもしれない種類のスポーツをしているもの同士の尊敬の気持ちがあった。とうぜん、ゲーリーはフー南壁の初登を狙っていることを隠さなかった。そして、なぜ我々もそれを試してみないのか、と不思議に思っていた。

ジョン・ハーリンとはアンベール・デ・ゼギュイユの小屋で会い、知り合いになった。最初に言葉を交わした時から、彼の山への情熱、そして特に難しい登攀への挑戦が好きなことを感じた。彼はドイツに駐留しているアメリカ軍戦闘機のパイロットで、時には自分のスーパー・セーブル機の爆弾入れにクライミング用具を積んでゆくことがあると、笑いながら言った。その後、彼に何度か会った。そしてモンブラン山塊のアンベール側のクラシックルートを一緒にやろうと話し合った。しかし、この計画はけっきょく実を結ばなかった。彼はアイガー北壁で死んでしまった。

私のいつものクライミング仲間、ジョルジュ・パイヨ、ジェラール・ドゥヴアスー、マルク・マルチネッティは一緒にフーの初登をやることで意見が一致していた。飛行機から撮られた壁の写真を見て、クライミング・ラインは最初大きなクラックに沿って行き、それから壁の中央を真っ直ぐに上がってゆくのがいいように思われた。準備は早かった。私はザックにあらゆるサイズの大量のハーケンと、そして巨大な木の楔をいっぱいに詰めていた。それを見て、マルクは私が樅の木を一本分運んでゆくようだと言った。食料を詰めると我々のザックはそれぞれ二五キロになった。

一九六一年八月二四日、出発の日。しかし、すべてが計画通りに進んだわけではなかった。ジョルジュは用事があって当日どうしても抜けられなかった。ジェラールは兵役中で休暇願を拒否されていた。それで、マルクと私は二人で出掛けることにした。あとの二人が二日遅れで装備と食料を持ってきてくれることを期待した。二人だけで、まったく頼りなく感じていたが、それでも行きたいという欲求がすべてに勝っていた。

　最初の氷河歩きは順調だった。しかし、暑さとアンベール・デ・ゼギュイユの小屋への急斜面と梯子で重すぎるザックの背負い紐が肩に食い込んだ。景色を楽しむなどは問題外だった。重さに身体を折り曲げて山道の小石しか目に入らなかった。やめればいいのに二人で意地を張って、抜きつ抜かれつした。ときどき私が涼しい場所で横になると、マルクは薄笑いを浮かべて横を通り過ぎた。そして少し上へ行くと、今度は彼が腕を拡げて道を塞ぐように倒れていた。

　新しい小屋番のバベットが優しく迎えてくれた小屋で数分休んだ後、ザイルを結んで岩壁の下へ氷河を渡っていった。空気はヒンヤリとして、我々はこの新しい冒険に向かって幸福だった。

　相談の上、この時間落石の危険が大きすぎるフー針峰のクーロワールは避けることにした。その代わり、シゾー針峰の垂直な支稜に取り付くことにした。それも、我々の荷物の重さから越えるのは難しかったので、その右側に深く切れ込んだクーロワールを行くことにした。それもまずい選択だった。太陽のせいで雪が溶けて水が多量に流れはじめていた。オーバーハングを三つ越えなければならないので、その弱点を登るのだが、ちょうど水が集中して、まるで川のようになっていた。それで二時間後、その滝沢から抜け出た時には全身ずぶ濡れで、我々の靴は歩くたびに不愉快な音を立てていた。

　大きなクラックの取り付きへはフーのクーロワールへ降りる。そこに小さなテラスがあったので、掃除をして、そこで夜を過ごすことにした。

　ビバークテントなしで、服が濡れているので、二人でぴったりくっつき合った。我々はたった数時間で、シャモニーの都会化された快適さから人間によって変えられたことのない高山の厳しく、孤立した景色のなかに放り込まれていた。滝の上を通ってくる風が時折り、冷たい水滴を我々の上に振りかけた。

一日の最後の太陽がグランドジョラスの尾根とダン・デュ・ジェアンの頂きを金色に染めているが、我々には暖かさの恩恵はなかった。夜は未だなのにもう我々は震えていた。高山ガラス、ショカのカップルが我々のビバークサイトのまわりを飛んで、短く、鋭い鳴き声を上げた。それから、何も収穫物が無いことが分かると、黒い矢のようになってメール・ド・グラス氷河の方へ下っていった。疲れているにもかかわらず、濡れた服のままで眠るのは難しかった。細い月がグランドジョラスの頂稜の切れ間に姿を現した。それは、少しずつ大きくなって、岩壁全体を照らし、氷河に銀色の光を振りまいた。

長い夜は、ときどきうとうととし、姿勢を変え、また眠ろうと努力することで過ぎていった。それはまるで忍耐を試されているようなものだ。だから、朝が白み始めると救われたような気持ちになった。太陽が顔を出した時には本当に嬉しかった。我々は並べて置いた靴が太陽の熱で湯気を上げるまで待ってから起き上がり、出発の用意をした。

取り付きのクーロワールへは岩がもろいので用心して下る。岩壁のクラック沿いにクライミングを始めた時には心が高鳴った。この花崗岩には未だ誰も触ったことがないのだ。未踏のルートを登る喜びというのは筆舌に尽くしがたい。一足ごとにルートを見つけ出す驚きが待っているし、難しさを乗り越える情熱が沸いて、我々はとても幸福だった。

今朝、我々の出発は遅かった。それで、大きなクラックの最大のオーバーハングに達した時にはもう相当に遅い時間になっていた。そこまでの一三〇メートルはそんなに難しくなかった。後から来るに違いないジョルジュとジェラールの登行を容易にするために、打ったハーケンは残しておいた。残念ながら、二人は現れなかった。午後の遅い時間、オーバーハングの下で長い間待った後、我々は小屋へ下ることにした。下降の途中で彼等に出くわしたら、また一緒に登り返すつもりだった。けれども、何も起きなかった。二人とも休みを取れなかったのだろう。今回の勝負はお預けだ。また都合がついた時にふたたび挑戦しにやってくることに決めた。

一九六二年八月一日、マルクと私は前の年と同じくらい重いザックを背負ってナンチオン氷河にいた。今回はあの難しい滝登りを避けて反対側のブレチエール針峰のロシェ・ドゥ・ラ・コルドゥを通ってシゾー針峰の下でビバークすることにした。そこから反対側の取り付きまで下降するのだ。けれども、このルートも長くつらいものだった。

一夜を過ごした後、我々がフーのクーロワールへ下降を始めた時はまだ夜だった。クーロワールの中へ入ってもまだ薄明りはなかった。ザイルを結んでいたが、そこは易しい場所だと二人とも知っていたので、ビレーはせずに同時に下っていった。私にはマルクが七、八メートル私より下をクライミング・ダウンしているのが見えた。

チムニーに挟まった大きな岩のブロックの脇まで来たので、岩壁とブロックの間に入ろうとして、左手をブロックの頭に掛けた。と、突然その岩が動き出すのを感じた。次の瞬間、私は岩と一緒に空間に放り出されていた。下の方、遠くのスラブめがけて真っ直ぐに落ちて行ったのを思い出す。そして、それからは何も覚えていない。

意識を取り戻したのは十分ほど経ってからだった、とマルクが後で教えてくれた。私はザイルで腹を締め付けられて空中にぶら下がっていた。当時は未だハーネスなどはなかった。指の先からは血がしたたっていた。はるか上の方でマルクの、大丈夫か、という声が聞こえた。墜落は二〇メートル程で、私は彼を飛び越していったのだ。マルクは反射的に眼の前にあった岩の突起にザイルをかけた。それは私を救い、また彼を救った。ザイルは岩の後ろに食い込み、墜落を止めたのだった。私には彼の声にすぐに反応する力がなかった。

しばらく、そうして力が戻ってくるのを待った後、動けることが分かったので、そうマルクに伝えた。ザックの重みで私は逆さになっていたが、ザイルを掴んでのろのろと体勢を戻すことができた。それから岩を掴み、バランスを取り戻した。

私は仲間のところへ登り直し、ショックのせいで彼の隣に坐り込んだ。もう、これ以上クライミングを続けることは不可能だった。しばらく休んで、落ち着いてから、我々は来た時のルートで戻ることに決めた。その頃は携帯電話も無線機もなかった。もちろん、待ってもヘリコプターは来ないし、救援を頼みに行くにも、救援隊がやって来るのも、歩いてくるので、とても長い時間がかかるだろう。

シゾー針峰へ一歩踏み出した時から、私にはもうザックを背負う力がないことが分かった。それで、ザックをそこへ置いてゆくことにした。後日若いガイド仲間がそれを取りにきてくれるだろう。登りはまだましだったが、ナンチオン氷河への岩尾根、ブルゴー・アレートの下降は耐え難い痛みとなった。私は鎖骨が一本折れたのではないかと思っていた。というのは寒さに震えているにもかかわらず、上半身の前側には衣服の布さえ触れることができなかったからだ。

アレートに着くと、私の力をセーブするために、マルクはテラスからテラスへとザイルで私を滑り下ろした。テラスに到着すると、着地のショックで全身が硬直するほどの痛みが走った。それでも、最後には氷河に降り立った。そこからプラン・ドゥ・レギュイユのケーブルの駅までまだ三時間に及ぶ下りがある。そこを歩く間、私は痛みに耐えかねてしばしば休んだ。そして、這うようにのろのろと進むのだった。針峰群の足元のモレーン道は終わりなく延々と続いていた。墜落したすぐ後に感じた初登攀の栄光を誰か他人に譲り渡さなければなどという失望は、今や私の中からは完全に消え去っていた。それよりも、この終わりのない道をなんとか進むこと以外頭の中になかった。

ケーブルカーの駅は私にとって漂流者が海の中で見つけた島のようなものだった。シャモニーへ下るゴンドラの中で、私はその日初めて失神するのではないかと思った。扉に寄りかかり、倒れないように柱を握り締めていた。下の駅に着いた時、気分の悪さは消えていた。それで、病院へ行く前に一度家へ寄りたいと言うと、マルクが反対した。

病院に着くと、うちの担当医のドクター・ジロに出会った。

彼は私を見て訊いた。

「どうしたんだい？」

「クライミングして、落ちた。胸の上の方が痛くて、何も着られないんだよ」

突然、医者は私に近寄り、言った。

「なんてことだ。動くんじゃない！」

私は付け加えた

「それからクライミングもしたし、七時間も歩いたんだ。たぶん鎖骨じゃないかと思うんだ」

医者は慌てて看護婦を呼んだ。彼女は私をすぐにX線室へ連れて行った。

山から歩いて下りてきて、その夜から私は二ヵ月間寝たままになった。墜落の後、一時意識不明になったことはひじょうに重要な障害が生じた結果だったのだ。X線により頚骨の四番目が折れて、外れていたことが明白になった。それで、ベットに横になったまま頭蓋骨に二本のビスで鉄の枠を固定され、それはワイヤーで引っ張られていた。そうして、脛骨を引っ張り、とび出した骨を元の位置に戻すのである。私は頭を右にも左にも動かすことができず、ただ部屋の白い天井を見つめたままだった。

手術担当の医師が午後四時頃三日続けて私の病室を見舞って、握手をしてくれた。きっと彼は私を好いていて、見舞いにきたのだと思っていた。三日目、彼は微笑を浮かべながら、麻痺の危険はなくなったと私に告げた。彼が毎日握手で手を握ってくれたのは私の上腕の力を試すためだったのだ。その後、彼の姿を見たのは二週間後だった。

この幸運な知らせを聞いた時、安心と同時に、ぞっとした。私は脊髄損傷で一生を車椅子で過ごすことになるところだったのだ。運命は良い方に転んでくれた。何はともあれ、文句を言う筋合いはなかった。

一九六二年の夏は素晴らしく思えた。私は病院に改装された昔のメール・ド・グラス・ホテルの部屋、1号室にいた。それはうるさい道に面していて、良い部屋とは言えなかったが、少なくとも一つだけある窓からドリュー針峰の上部が夕日に染まるのを見ることができた。入院して二日目、妻のジョズィが私の名付け親、オベール氏の突然の死を知らせた。私の事故と何らかの関係があるのではないかと思わざるをえなかった。彼女にとっても同様だった。というのは我々はやっと二ヵ月前に結婚したばかりで、彼女はすでにガイドの妻として将来に起こりうること、長い間待つことや、明日への不安などを垣間見ることになったからだ。

ベットでは、幸いにして、腕を伸ばして本を開くことができた。それで、三十冊ばかりをむさぼり読んだ。ガイド仲間や他の人達の見舞いは私の退屈な毎日に変化を与えてくれた。ジェラール・ドゥヴアスーは午後、竜巻のようにやって来ては、下りてきたばかりの山行の話を聞かせてくれた。

最初の頃、私は病室を一人で占領していた。とても優しく面倒をみてくれる修道女がそのフロアを担当していて、朝、彼女が現れると嬉しくなった。医療従事者が患者にとってどれほど重要かを理解するには病院のベットで日々を過ごしてみればいい。

六日目にすべては別のものとなった。私のベットの向かいにもう一つベットが運び込まれ、急流に落ちたという意識不明の若い男がやってきた。そうして十日間以上、この男は昼間眠り、夜になると意味不明のことを叫びだすのだった。最初の一週間、仕方がないのでこの男の生活リズムに合わせて、何とか乗り切った。昼間眠ろうと努力し、とりとめもなく続く夜を迎えるのが恐怖だった。一週間後、我慢は限界に達した。私はこの見知らぬ男の人生、その恋愛、その幻想のすべてを知った。その上、私が夜眠れるようにと、注射が一本増えた。少しずつ私の中に自分ではどうすることもできない、この患者に対する憎しみの感情が芽生えた。混乱した頭の中で、私はこの男を殺したいとまで思った。

不幸は一人ではやってこない。あの親切な修道女は別の一人と交代になった。この女は、どういう理由か分からないが、私が好きではなかったようだ。彼女の注射は痛かったし、わざとやっているのではないかとさえ思われた。彼女がやってくるのが怖かった。彼女は扉をそっと開けると、敷居のところに立ち止まり、その大きな眼鏡越しに私をじっと見つめるのだ。そのレンズの反射の中には、黒い意地悪そうな眼が見えた。彼女は胸の上に折り曲げた右手に注射器を持っていたが、それはとてつもなく大きく見えた。彼女は近寄ると躊躇なくその針を私の尻のいつも同じ場所に刺した。

この話を父に話すと、「修道女には二種類あって、天使か雌犬かのどっちかだ」と言った。

三週間はあっという間に過ぎた。手術の担当医がやって来て「どう?」と言った。彼が部屋を出て行く前に私は呼び止めた。

「ドクター！」

彼は立ち止まり、いやいや戻ってきた。

「何か問題でも?」

「そう、もう注射には耐えられないんですよ！」

「えっ、何の注射?」と彼は驚いた。

「朝のやつと、夜眠るためのやつですよ」

「なんだって?　何の話だか分からないよ」

と彼は扉の方へ行きながらそうつぶやいた。私は今が彼に話す絶好の機会だと思った。

「ドクター！」

「何？」

彼はやっと私のベットの脇へやって来てくれた。

「隣の患者、昼間寝て、夜叫びだす、あれにはもう辛抱できないんですよ」

彼はうとうとしている隣の男を振り返り、大きな声で言った。

「なんてことだ、あれは同じように意識不明のイギリス人の患者と同室にするはずだったんだ」

この医師の来訪以来、すべては良い方に向かった。注射はしなくてよくなった。隣の若い男は他の部屋のイギリス人と同じ部屋に移され、その叫び声はほとんど聞こえなくなった。彼がいたベットには足を折って入院したガイドのジョルジュ・バルマが入ってきた。彼は私と同じボソン村に住んでいるので、我々はいろんな話をすることができた。冗談を言い合い、私には笑みが戻ってきた。

一月半ほど経った時、ドクター・ジロが部屋へやってきて、外科医が頸骨に移植手術をすると告げた。そのことはぜんぜん予期していなかった。今まで誰もそんなことを言わなかったからだ。その告知は私にとって大きなショックだった。

数日後、手術が行われた。それは私の向こう脛から薄く骨片をはいで、それを頸骨の上に張り付けるものだった。そして、胸から頭まで石膏のコルセットをつけられたが、おかげでもうベットに縛り付けられずに済んだ。私は起きて、好きなように歩き回ることができたし、家に帰ることもできた。

二週間経つと、ジェラール・ドゥヴアスーがジョルジュ・パイヨとイヴォン・マジノと一緒にマルセイユのカランクでクライミングに行かないかと誘いにきた。まったく、とんでもない誘惑だった。

最初、私はこの申し出はとてもできっこないものと考えていたのだが、しばらくするとクライミングでふたたび生きる喜びを味わいたいという思いが頭の中を一杯にした。それで、手術をした医者の意見を訊いてみた。もちろん、それは賢明な考えではない、移植した部分はまだしっかりしていないから、というのが彼の答えだった。コルセットを付けていれば危険なことにはならないに違いない、と私は頑張った。私に諦めさせるのは不可能だと悟って、彼は最後にこう言った。

「十分注意して、馬鹿なことはするんじゃないよ！」

事故の後、私はいろいろな精神状態を経験した。悲観的になったり、自分のガイドとしての将来に自信がなくなったり、あるいは希望が湧いてきたり、といった具合に。突然、この年の終わりになって、とてもできないと思っていたものが、実現するかもしれなかった。私はクライミングに行くのだ。

突然、生き返った気がした。病院の部屋を出るとすべてが美しかった。この十月初めの雨も風も素晴らしかった。私はそこに立って、歩いている。私のまわりでは人々が忙しく動き回っている。空を見た。そして、氷河を。私はふたたびあそこに行くことができる。私は自分のまわりに人生を発見した子供になったような気がした。

仲間たちはカンセウーの〝ル・ルヴァン〟ルートを登ることにした。それは高さ一四〇メートルの素晴らしい壁で、下に海が見える。傾斜の強い石灰岩で、所々オーバーハングしている。

断崖の上から、短い懸垂下降をしてバンドに下り、それに沿って取り付きへ向かう。懸垂の最中、このクライミングの何が私にとって問題になるのかが分かった。コルセットのせいで、上を見ることも下を見ることもできないのだ。それで、ホールドもスタンスも見られない。けれども、なんとかなるだろう。ここにいる喜びのほうがずっと大きいからだ。

私はイヴォンとザイルを結んだ。ジョルジュとジェラールのパーティが先行した。とにかく、見える範囲のものにしがみついて、なんとかイヴォンの後についていった。彼はためらわずにザイルを引いて私を助けてくれた。クライミングは頂上へ二〇メートルのところまでうまくいっていた。ジェラールはそこで急なスラブを避けて、右の方へ回り道し、上の拡がった溝状の岩を通って頂上へ抜けていった。イヴォンはスラブを真っ直ぐ上へ抜けられると考えた。

最初の三メートルは問題なかった。ただ、その間彼はまったくビレーされていない状態だった。ハーケンもなければ、シュリンゲを掛ける尖った岩もなかった。彼は明らかにノーマル・ルートから外れていた。スラブの真ん中でイヴォンが止まった。姿勢は不安定で、指は小さなエッジホールドにしがみつき、彼の堅い靴は細い筋のようなスタンスに立っていた。何かがうまくいってない感じがした。彼は何も言わない。私は後ろに反り返ってみた。彼の右手は腰のハーケンを抜き取ろうとしている。けれども、うまくいかない。彼が落ちたら、私のビレーピンになっている唯一のハーケンをもぎ取って、二人とも落ちるに違いなかった。一〇〇メートル下に断崖に打ちよせる黒い海があった。突然、恐怖が私を襲った。このビレー点を補強する道具は何も持っていなかった。何か月もの病院生活でまだはっきりしない頭の中でさまざまな思いが去来した。フー針峰の事故を乗り越えた今、ここで死にたくはなかった。何秒かの間、私はザイルをほどきたい思いに駆られた。けれども、それはザイルパーティーの連帯に反する行為で、そんなことはできなかった。

イヴォンはどうしているだろう？　私はふたたび彼を見た。彼は腕を廻して腰のベルトからハーケンを外そうと努力していた。そして、やっとそれに成功した。ハーケンをゆっくりと前に持ってきて、口にくわえた。一度姿勢を立て直し、もう一度ハーケンを手に持って、眼の高さにある細いリスにそれを差し込んだ。彼は左手でそれを掴み、大きく息をついて、少し休み、それから右手でハンマーを探った。それを持ち上げ、最初は小さくハーケンの頭を叩き、だんだんと強く打った。突然、すべては極度の緊張から解放された。彼はそれにザイルを掛けると、「これでよし！　うまくいった！」と叫んだ。

私もいっきに気が緩んだが、同時にクライミングを続けるエネルギーもなくなっていた。それでも、最後のピッチは何とか登り切った。くたくただった。

頂上で、石灰岩のブロックの間、草の上に寝転がった。空気がその白い岩稜の上に震えていた。夏の太陽に焼かれた斜面を撫でてくる風がタイムの香りを運んでくる。遠くにヨットの白い帆が海の上で止まっているように見える。カモメが空の青と海の青をつなぐように我々を掠めて飛ぶ。ここではすべてが平静で、不変で、永遠に見える。この時ヴェルレーヌの詩の一篇が頭に浮かんだ。《そこでは、人生は単純で静かだ……》

そしてまた、この夏の喧騒とさっきまでの熱い戦いの後で、《なぜ登ることばかり、なぜ常に生命の危険を犯すことばかりやりたがるのか》という疑問も湧いてくるのだった。

カランクから帰ってくると、私のコルセットはもうあまり役に立っていなかった。中で動いてしまうのだ。それで、医者はもう必要ないと、取り外してくれた。それから数週間して、ジェラールの車でアヌシーへ向かっている最中、ジェラールが坂の途中で一瞬止まった。一台の自動車が後ろから追突した。その衝撃で私の頭は後ろへのけぞり、首に鋭い痛みを感じた。X線での検査の結果、医者は移植した補強が折れていると言った。彼は気に入らない様子で、私のためにできることはもう何もない、と言った。

現在残っている後遺症としては、頚椎の変形でそこに生ずる痛みによって天気の変化を知ることができるという程度のものだ。また首の硬いことから頭を下げて歩くのだ。まわりの人は私が恥ずかしがり屋だとか、あるいは対人恐怖症だとか言うのだが、そんなことは痛みや苦しさの大海の中での不都合な一滴のようなものだ。もし、四肢麻痺にでもなっていたら私自身そして私の家族におよぼす影響ははかりしれないものだったに違いない。

モンブラン山行

シーズンが本格的になる前には、いつも一度か二度モンブランに登った。体調を整えるためで《身体からガスを抜く》とガイドが言うやつだ。標高三八一七メートルに一晩寝て、それからの高度を歩くと身体が高度に順応する。それでシーズン中、標高の高いところでのクライミングが楽になる。かと言って、私はモンブラン山行が特別好きなわけではない。私が好きなのは岩を登るルートだ。しかし、ガイドの中にはモンブラン山行を仕事の主なものとしているものもいる。知らないお客を連れて、たくさんの登山者に混じって同じトレースを同じ歩調で何百回も登るというのはかなりの忍耐力を必要とする。

二十五歳で私はガイドの職に就いた。その二年前にガイドの免状を受けたばかりだった。一九六五年八月、午後の終わり、登山者の山行依頼の集まるガイド事務所に割り当てを受けに行った。事務所に一八時半に行って、モンブラン山行の依頼がある時はいつも少々緊張する。思いがけない驚きが待っていることがあるからだ。大きな難しい山行に関してはそうした心配はない。依頼するアルピニストたちが提出した山歴を見れば山に慣れた経験のある人たちであることが分かるし、相談してクライミング・ルートを決めることができる。

モンブラン山行に関してはそういうわけにはいかない。依頼者が熟達した登山者であることは稀で、よくあるのは一生に一度、ヨーロッパの屋根に登ってみたいと思う人たちだ。だから、そうしたお客に耐久力があるか、標高の高いところでアイゼンをはいて歩くことができるかなどはまったく分からない。我々はそうした依頼者には前もって、ラ・ジョンクションか標高三一〇〇メートルのル・ビュエに登っておき、さらにアイゼン歩行に慣れるために二時間の氷河講習を受けることを薦めている。けれども、たいていの場合、我々はお客について知っていることはほとんど無い。身体つきを見て、最初の印象が良かったとしても、それが必ずしも当たっているとは限らない。小さくて貧相な体格の人は登りでへたばってしまうし、あまりにも太っていたり、年を取った人はどこまで行けるか心配になる。最初のテット・ルースへ行く道の途中で考えてしまう。

また、それらの人たちが無邪気に、肉体的トレーニングをしたことはないけれどここは簡単だと言われたから来た、と告白するのを聞くと唖然としてしまう。アイゼンなど見たこともないが、友達がそれを付けてもまったく問題なく歩けると言ったと主張するのだ。ガイドの割り当てが決まって、誇らし気にガイド事務所を出てくるそうした人たちを危険な氷の斜面のトラバースで離れずに面倒を見なければならないのだ。

一八時三〇分、緊張の一瞬は過ぎた。お客たちは私の前にいる。それはドイツ人の若いカップルで、ヒルダとハンスだった。彼等はスポーツマン風だ。彼等なら日本人やイギリス人と同様に問題なく頂上まで行けると思っていた。そうした国の人たちは簡単に降参しないからだ。我々は一緒に持ってゆく装備と食料のリストをチェックした。すべては順調だ。出発は翌日。

現在ではノーマルルートからのモンブラン山行で一人のガイドが引率できる人数は二人までと決まっている。それは安全のためで、実際一つのザイルパーティーで二人以上の人間が同時に滑った場合にそれを止めることは難しいからである。モンブラン初登頂の時代からはずいぶん変化した。一七八七年の有名なソーシュールの登頂の際には一八人のガイドがついたし、一八二〇年のハメルの山行には一四人のガイドとポーターが随行した。また、ジョセフィーヌ皇后がメール・ド・グラス氷河を訪れた時には六八人のガイドが雇われたのだった。

翌朝、ベルビュ・ケーブルの下の駅に集合した時、高山用の服装ではひどく暑かった。ゴンドラの中ではあらゆる種類の言語が話された。フランス語はなかった。

ベルビューまで上がると、空気は少ししのぎやすくなる。我々は草地に寝転がってニ・デーグルへの登山電車が来るのを待っていた。

そこでガイドのドゥニ・デュクロとガイド見習いのジャンポール・シャトゥレに出会った。彼等はお客の世話で忙しそうに動き廻っていた。お客というのは二人の男で、まわりの人たちが面白がって眺めるような奇抜な服装をしていた。私はこっそりとドゥニに「お前の客は面白い格好をしてるね」と言った。

ドゥニが答えた。「彼等は、昨日、必要な装備は全部用意してあると言ったんだ。それで、今朝会ったらこの有様さ!」

二人の男は年配で、ツイードの背広上下、白いワイシャツにベストといういでたちだった。ズボンの裾は長いスコットランド靴下の中に隠れていた。そして二人とも背中にスペードのエースの形をした不思議なザックを背負っていた。

「それで行くの?」とガイドは尋ねた。

答えははっきりイエス。

服装は一九世紀末の古い写真にあるイギリスのアルピニストたちを思わせた。そこに欠けているものと言えば、チョッキにつける懐中時計の鎖ぐらいなものだった。

ドゥニは続けた。

「さっき、ネクタイは必要ないと言ったんだ。それでひと悶着あったけど、最後には彼等もそれを外したよ。それから、おれを喜ばせるためにシャツの一番上のボタンを外すことまで承諾したよ」

ドゥニは、なぜ彼等がここに来たかを説明してくれた。彼等は英国人のゴルファーで、六十歳と五十七歳。折り畳み式のクラブとボール、そして彼等の友人が発明した特別のスパイク付きの靴を持って来た。彼等の目的はモンブランの頂上でその靴をはいて、ボールを打つ写真を撮ることで、そうすればこの新発明の靴を履くとヨーロッパの屋根の上でゴルフをすることもできる、と言えるわけだ。

「どうぞ、お好きなように、靴をお持ちください」と、ガイドは言ったが、彼等は最初の小屋までも辿り着けそうもなかった。

列車が到着する。いつものように満員だ。我々は入口付近に立って詰める。そして登山電車の傾きに合わせて身体を傾ける。モンラシャの平な場所へ着いてやっと真っ直ぐに立つことができる。列車は標高二三八〇メートルのニ・デーグルに到着。一九一二年に鉄道工事がここで止まった時、計画では登山電車はモンブランの頂上まで行くことになっていた。スイスのユングフラウヨッホでのアプト式鉄道の成功はあちこちで大胆な計画を誘発したのだ。

電車が着くと、人々は我先にと小石だらけの道に突進し、散らばってゆく。そして、追いつ追われつの行軍は疲れと暑さがみんなを鎮めるまで小一時間ほど続く。我々はこの人の波をやり過ごし、それからゆっくりとした規則的な歩調で登り始めた。

道が平らになるところ、森の小屋の外れで、我々はイギリス人たちに追いついた。彼等は汗だくで、ツイードの上着はきちんと折り畳まれて腕に掛けられ、杖を持つようにピッケルを持っていた。シャツは二つ目のボタンまで開けられていた。

「期待に反して、彼等は何とかもったよ。とりあえずここまではね。たぶん、テット・ルースまでは行けるだろう」とドゥニは言った。

私の二人のお客は規則的な歩調で、疲れもなく、地面にフラットに足を置いて登っていた。彼等がしっかりトレーニングを積んでいたことは間違いない。というのは歩きながら二人はずっと喋っていたからだ。高地では喋ると息が切れる。そして、一般的には一時間も歩くと、その後は会話はなくなる。例外はあった。私と話をするために、私の前を後向きになって歩いた人がいた。これにはガイドの私も恐れ入った。

小屋に着く手前の鞍部に雷に打たれて死んだ人を祀る十字架がある。これはシャモニー市では禁止されている習慣だ。けれども、イタリアのドロミテでは反対に十字架は花で飾られている。あまり気持ちのいいものではない。

小屋番が親切なところでは必ず休んだほうがいい。なぜなら、それはだんだん稀少価値になっているからだ。ワインと違って、高度や時間が小屋番の性格を良くすることはない。テット・ルースでは人は笑顔で迎え入れられる。シーズンを通してそれは変わることはない。

簡単なものを口にいれ、我々はエギュイユ・デュ・グーテの小屋へ向かった。ほとんどのハイカーはテット・ルースまでだが、中にはグーテ小屋の上のドーム・デュ・グーテまでショーツで登ってくる人もいる。毎日、小屋に物資を荷上げするポーターは私にこう言った。

「ここじゃあらゆる種類の人間に会うよ。小屋までジーンズで来て震えてる奴とか、二人組でアイゼンを一組しか持ってないのとか、この二人組は二人で片足ずつアイゼンをはいて下っていったよ」

山腹全体に張り付いている雪が石をしっかりおさえているので、グラン・クーロワールでの落石がなく私は安心した。バン・ルージュの赤岩の層を通る時は氷の斜面のトラバースと同じように極度の注意を必要とする。しかもここでは赤色の鉄分を含んだ岩の層が嵐の時には雷を引き付けるので、ぐずぐずしていられない。

我々のずっと下の方で何組かのザイルパーティーがグラン・クーロワールを渡っている。山の大きさの中で登行者たちはとても小さく、とても非力に見える。

私の女性のお客が疲れを見せはじめたが、それは登行の疲れと高度のせいだろう。今夜、グーテ小屋で一晩寝ればまた力を取り戻すに違いない。

朝は三時に小屋番に起こされた。すぐに小屋中は大騒ぎになる。私は外のバルコニーに出た。天気が良く、寒い。小屋の上の小さな雪の斜面は月光で輝いていた。小屋の中ではアルピニストたちが、朝食をとるのに忙しく、またある者たちはすでにザックを拡げて出発の用意をしている。自分の靴やスパッツやアイゼンを探してザイルの山を引っ掻き回しているものもいる。

ドゥニとジャン・ポールは出口の土間でお客を辛抱強く待っていた。最後に二人の男が薄暗がりから現れた。二人とも室内の汚れた空気と寝室の過度の熱気のせいでぼーっとしている。ゆっくりと、彼等はザックから縁のついた帽子と白い薄い皮手袋を出し、防水布でできた膝までの長さのサイクリスト用のポンチョをまとった。

「まさか、それで歩こうっていうのではないでしょうね?」とドゥニが言った。二人のガイドは何とか怒りをおさえ、ザックから彼等がいつも余分に持っている装備を貸した。

「アイゼンを履いてください！」

二人のうちの一人はそれをどうやってつけたらいいのか分からず、暗闇の中でしばらくもぞもぞして、アイゼンの爪を上向きに、靴底に当たるようにつけて出てきた。いったいどうやって、そういう風にバンドを締めることができたのかは謎である。

「わざとやってるんじゃないの！」とドゥニが目玉を天井に向けて言った。

「見たくないね！」ジャン・ポールは面白がって付け加えた。

使い方を教え、何度かのソーリーの言葉の連続の後、事態はやっと正常に戻った。

出発。戸口をでたとたん、凍った風の一撃が小屋の湿った熱い空気と交代する。アルミ製のバルコニーを歩くアイゼンの騒がしい音はすぐに凍った雪の上の沈黙の歩行に換わった。

四〇〇〇メートルちかくになる、ドームへの登りでドイツ人の女性は進むのが難しくなってきた。私は歩調を落とした。それから一時間後、私の恐れていたことが起こった。ヒルダの進行がだんだんぎくしゃくしたものになったのだ。疲れのせいで遅くなるとザイルが引っ張られ、何がなんでもしがみついていこうとあわてるとザイルが緩む。完全に止まってしまうのを避けるために私は、上げた足をしばらく空中に保持してから下ろすという方法で、さらにペースを落とした。けれども、疲れと高山病が勝ちを占めた。ドームの頂き直下で彼女は止まってしまった。ピッケルによりかかり、みるからに苦しそうだ。すると、ハンスが怒り出し、元気を出して歩け、と言った。彼は「もうすぐだ！」とハッパをかけた。私はこのいい加減な言葉に驚いたが、あえて口を挟まなかった。何度か止まり、コラミンの錠剤を呑ませたが、状態は良くならなかった。さらに高度を上げることによって高山病が悪化するのを恐れて、私は直ぐに小屋に戻ることを提案した。これはモンブランに登る途中に起きるありふれた状況なのだが、この時は突然まったく別のやっかいごとになった。彼女の夫は登頂に執着し、引き返すことを拒絶したのだ。彼は山の高みを指さして、私に登り続けることを命令した。私はこうした振る舞いに出会ったことがなく、だからこの事態をどう解決したらいいか分からなかった。一般的には引き返さなければならない。客の健康が何よりも優先するからである。けれどもどうしたらいいのだろう。というのは、この男は放っておけば一人で登り続け、事故を起こす可能性があった。それはまるで、彼女を死に至らしめてでも、登頂をあきらめないという感じだった。

前にもこんな例があったことを思い出した。一八二〇年、ドクター・ハメルは新雪と悪天候にもかかわらず、ガイドに登行の続行を命じた。そして結果として雪崩で三人のガイドが死んだ。

もう一つの例も思い出した。それは第二次世界大戦の少し前、一人のガイドが三人のドイツ人をモンブランへ案内した。悪天候になって、ガイドは下ることを決めた。しかし、客たちは続行を主張し、彼を臆病者と決めつけた。そこでガイドは客にこの決定は客によって行われたとする書類に署名をさせた。登行中、ひどい嵐が来襲し、彼等はルートを失い、外で一夜を過ごした。彼等は一人、一人と三人とも死んでゆき、ガイドだけがシャモニーに帰り着いた。署名にもかかわらず、彼は客を引き返させられなかったことについて非難を浴びせられた。

ヒルダはひじょうにつらい思いをしていたが、あえて何の意見も言わなかった。私は彼女にもう少しの間歩く力が残っているか訊いた。勇気があるのか、あるいはパートナーを恐れてか、彼女はもう少し頑張ってみると言った。ドームの平らな部分のトラバースは難しくないし、四三六二メートルにあるヴァローの避難小屋までの上りは短い。彼女の夫を頂上までの五〇〇メートルを連れて行く間、彼女をその小屋で休ませるつもりだった。それに、もし小屋までの間に彼女の状態が悪くなればグランミュレの方へ下れば急激に高度を下げることができる。

ふたたび歩き始めた時、私は客の意見に引きずられたことに罪悪感を感じていた。他のザイルパーティーがライトの丸い輪をちらつかせ、激しい息遣いと、凍った雪面へのアイゼンの音を響かせながら我々を追い抜いて行った。夜が明けると、寒さはより厳しくなった。東の方、モン・モディーの稜線の後ろに長い、オレンジと薄紫の雲がたなびいていた。

我々は時々休みながら、おぼつかない足取りの登行を続けて行った。幸い、ドームのトラバースは、この高さではつねに吹いている風でできた雪稜になっていて、踏み跡が氷の溝になったおかげでわりと楽に終わった。無人の避難小屋手前の斜面では、登行は永遠に続くように感じられたが、それでも何とか到着した。小屋の内部は汚れていた。ここは悪天候か問題がある時にしか使われない。私は彼女を凍ったベンチに寝かせ、数枚の毛布をかけた。彼女は直ぐに眠り始めた。出発するためにハンスと外に出たが、やはり心配になって、もう一度彼女の様子を見てみた。眠りは規則的だった。

そうしているうちに、ドゥニが二人のゴルファーと共に到着した。客は疲れと、高度のせいで参っていた。私はドゥニに私のお客の問題を話し、彼の客の様子を尋ねた。

「涎を垂らしてるけど、それでもついてきてるよ。ただし、小屋に入れたら二度と出てこないだろうよ」

ドゥニは彼等の方を向いて、「ここで水分を取って、それから出発しますよ！」と言った。

何分か休んだ後、ドゥニがザイルを引っ張った。出発する前にお客たちはうらめしそうに小屋の戸口をもう一度眺めた。けれども、出発しなければならない。疲れないように、一歩ずつ、ちゃんと足場を踏みしめて、この斜面を登って行かなければならないのだ。

頂上への最後の登行を開始したが、あの女性に高度による脳浮腫か、それよりもっと悪いことが起きるのではないかという不安と、なぜすぐに下山を開始しなかったのか、という後悔の念にさいなまれていた。できるだけ早く、ヴァロー小屋に戻ってくるために登行のスピードを上げることにした。彼女の夫を苦しめることになっても別にかまわないと思った。

我々は先行パーティーを次々と追い抜いていった。大きな盛り上がりのグランド・ボスはあっという間に通過した。ハンスはその早いスピードにもついてきた。しかし、その少し上で、私はザイルが引かれるのを初めて感じた。彼の呼吸がだんだん早くなってきた。トゥールネットの急な岩場では彼を引き上げるためにザイルを肩に回して引っ張った。彼の歩調は乱れてきて、バランスをとるために雪にピッケルを差すこともなくなった。けれども、その口から苦情も泣き言も出てくることはなかった。彼の全神経はただ必死でしがみついて、決して負けないことに集中していた。それでも、最後に彼の足は完全に言うことを聞かなくなって、私はずっと引っ張っていかなければならなかった。彼もそれは分かったようで、なんとか足を上げる努力をした。私は止まりはしなかったが、歩調をゆるめてやった。

頂上への雪稜に差し掛かると北風がだんだん強くなってきた。雪の雲が頭上に舞い上がり、太陽の中をきらめきながら落ちてきた。我々はルネ・トゥールニエのパーティーに追いついた。彼はモンブランへの最多登頂記録を持ったガイドだ。彼は規則的に歩を進めていたが、お客のほうは奇妙に右に左にジグザグに歩いていた。息を切らしているわけでもなく、ザイルに引っ張られている様子もない。不思議な客だった。

雪稜を登りきると、我々は凍り着く風にさらされた頂上にでた。寒さのために、いくつかのパーティーがかたまっていた。太陽が空中の雪の粉に光を拡げていたが、空気を暖めることはなかった。私のお客は登頂できたことを本当に喜んでいた。彼をそこまで動機づけたものは何だったのだろう。彼は身体をまわして周囲の山の景観を眺めていた。

ルネがお客と共に現れた。客は最後の細い雪稜ではバランスをとるのに苦労していた。

「着きましたよ！」と、ガイドが言った。

男はおおきなため息をついて「ああ、やっと来た。もうだいぶ前からほとんど眼がみえないんだよ。高度障害がでたにちがいないんだ」

ルネはしばらく男の顔を見て、笑いながら言った。

「眼鏡についた氷をとれば、きっとよく見えるでしょうよ！」

頂上で何分か過ごした後、我々は急いで下山にかかった。ヒルダの状態が心配だった。いったい、彼女はどうしているだろう?

帰りは早かった。我々は英国人のパーティーと行き違った。彼等は五年前、墜落したインド航空、カンチェンジュンガ号の機体の一部があるところに止まっていた。そこでは破片が氷の中に不気味に突き刺さっている。二人の英国人はピッケルに腰掛けて最後の斜面を眺めていた。

三時間ヒルダを一人にしておいた小屋に私は急いで飛び込んだ。彼女は相変わらず眠っていた。それを見て、やっと安心した。この高度ではささいなことでも心配になる。私は彼女を起こし、熱い飲み物を飲ませた。小屋の内部は壁の隙間から入った雪で一杯になっていた。ここに何日もいるわけにはいかない。三十分かけて用意し、彼女が歩けるのを確かめてから、出発した。ちょうど英国人たちが下ってきた時だった。

ドゥニが私に説明した。

「上に着いた時、彼等はロボットみたいだったよ。ヨダレは凍って、眼は下を向いたまま、あの薄着で震えっぱなし。ジャン・ポールが彼のジャケットを貸してやったもんで、彼も同じように震えだしたよ。下る前に、彼等が何と言うか、ゴルフシューズの写真はどうするのか訊いてみた。それまで、そんなことを考えてもいなかったみたいだ。でも、それを聞いて、一人がザックから靴を取り出し、もう一人が急いで写真を一枚撮った。あそこで彼等にできたのはそれだけだったよ」

そこではヒルダたちを長い間待たせるわけにはいかなかったので、その話の続きは後日、シャモニーで聞いた。

「下りになったら英国人たちは元気を取り戻した。ヴァロー小屋へ着くと、一人がアイゼンと山靴を脱いで、ゴルフシューズを履いたんだ。その間にもう一人が雪の上にクラブとボールを並べ、それから彼等のクラブの旗を立てた。それでまわりにいた登山者はみんなゴルファーがヴァロー小屋の高みからグランプラトーに向かってボールを打つという珍しいイベントに立ち会ったというわけだ。もう一人が、それを写真に撮ったよ。五十年後にボソン氷河の先端でゴルフボールを見つけた人はきっと驚くと思うよ。彼等はこのデモンストレーションに満足してグーテ小屋に下った。着いた時にはかなり疲れていた。そして、ニ・デーグルまで下りてきた時にはもう完全にへばっていた。それでも、ベルビューへ下る登山電車に乗った時には自分たちの向こう見ずな計画の成功に満足しきっていたというわけさ」

我々のほうは、急激に高度を下げることのできるグランミュレへ向かってゆっくりと下っていった。太陽のせいで雪が軟らかくなり、歩くのに苦労するようになった。アイゼンの裏に雪が団子に付き、足首をひねる。雪崩のデブリが散らばっているプティ・プラトーはゆっくり横切った。その場所は危険だったが、早く歩くように頼むのは諦めた。

プティ・プラトーに続くコットゥ・デュ・スリズィエで、ヒルダは疲れ切ってザックの上に坐り込んでしまった。私は斜面の下まで彼女を滑らせながら引き下ろさなければならなかった。それまで自分以外のことに全く無関心だったハンスが急に彼女の世話を見るようになった。まるでそれまでの彼の態度を詫びるように思えた。

グランミュレではヒルダには小屋の梯子を上る力が残っていなかった。それで、我々は長い間休憩し、それから迷路のようなジョンクションへ向かった。この時期、氷河のこの場所にはクレバスがたくさんあって、何度も回り道をしたり、隙間を跳び越えたりしなければならない。そこに疲れ切った人がいるとなると、問題はひどく複雑化する。私はステップを切り、ザイルを引っ張り、つねにビレーをし、そして声をかけて勇気づけなければならなかった。

最後になんとかプラン・ドゥ・レギュイユのケーブル駅への登山道にたどり着いた。やっとすべてが無事に終わったのだ。私は緊張から解放された。

山の事故　救助活動

日本人のパーティー

シャモニーの針峰群はわりと登りやすく、登山者たちに花崗岩の素晴らしい登攀ルートを数多く提供してくれる。新しいルートを拓くことはだんだん稀になり、ほとんどの有名なルートは第二次大戦前に拓かれていた。その時代の有名なクライマーの名前は古典的なルートの核心部の名前となっていて、そこは鋲靴によって岩が磨かれているので容易に見分けられる。

八月のある朝、灰色の空は灰色で湿気が多く、日帰りのショート・ルートしかできない日、小さなレム針峰の頂上で仲間のガイド、フェルナン・オディベールに会った。ちょうどブレチエール針峰の正面にあたるこの頂上に坐って、二人でぐうぜんにこの山塊で唯一の未登のルートについて話をした。それはブレチエール北峰の腹に白く細い筋となって食い込んでいる、いかにもとっつきにくそうな氷のクーロワールだった。ここから見ると、上部はもっと狭く、前衛峰の間に錐で開けたように入り込み、山稜の天窓のような切込みへと抜けている。

その時日時は決めなかったが、そこを一緒に登ろうと計画を立てた。

ブレチエール針峰、北クーロワールの初登。
黒丸はビバーク地点。

レム針峰の山行から何日か後の朝、我々二人はこの氷のクーロワールを登るためにブレチエール氷河のモレーンの上を歩いていた。小さなユキノシタの茂みや、花崗岩の陰に咲くキンポウゲがいくらか彩りをそえているだけの、単調な荒れたモレーンを歩く間私は計画について考えた。

新しいルートを拓く試みへと私を押しているものはいったい何なのだろう。自分の名前がシャモニーの谷から見えるこの岩稜につけられることに満足を覚えないわけではない。もちろん、それがつまらない虚栄心からということを理解していたとしてもだ。それに、この岩稜もいつか崩れてなくなってしまうことも知っている。八歳の時、今自分が登ろうとしている稜の反対側が崩壊するのを見た

フェルナン・オディベールがルートを説明している。左はクリスチャン・モリエ。

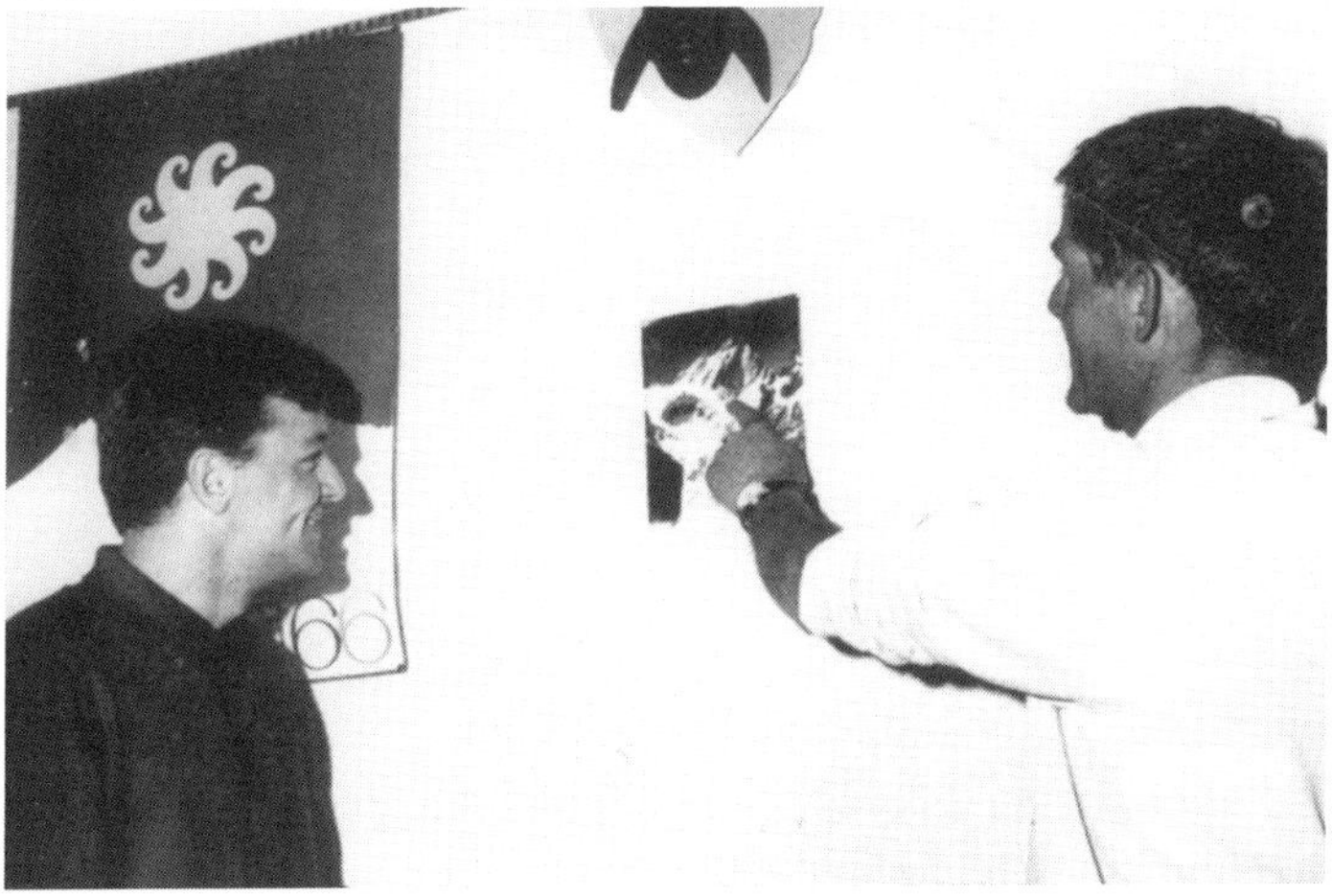

ことがある。その日、私は村の他の子供たちとボソン村の畑の中にある、ピエール・ベルという花崗岩の大きなブロックを登っていた。その時、耳をつんざくような音がした。そして、ブレチエール針峰の西岩稜の下から大きな灰色の煙が空へ立ち上がるのを見た。四〇〇メートルにおよぶ岩壁が一気に氷河の上に落ちたのだった。破片はそれから数十年にわたって氷河の上に絨毯のように拡がっていた。その数年前に登られた新しいクライミング・ルートは一瞬のうちに灰燼と化した。この崩壊と共に一つの歴史が死んだ。谷から見えるこの巨大な傷跡が目立たなくなるには何世紀もの時間が必要となるだろう。

木に名前を彫りつけるように、この岩壁につかの間の名前を残したり、あるいはヴァロ山案内書の一隅に記録を残すということ以上に、私はとにかく、あの高みに登りたいという強い思いを感じていた。それは苦労し、リスクを伴うものにちがいないのだが、全幅の信頼をおく山仲間とそれらの困難に立ち向かってみたかった。フェルナンの寛容で無私の人柄についてはよく知っていた。

この信頼は私の情熱と力を十倍にもするものだ。そのうえ、この山行には未知のルートに挑戦する発見の喜び、人がまだ誰も足を踏み入れていない場所に最も直線的で最も美しいルートをつくる喜びがあった。つまりは無償の征服という素晴らしい冒険の一日を過ごす充実があった。失敗に終わったとしても自分の限界をさらに広げるという素晴らしい経験になるはずだった。

レム針峰から見ると、我々のやろうとしているクーロワールはあまり可能性がないように見えた。それは北峰の切込みに引っかかった四〇〇メートルの細い溝だった。北峰は第二次世界大戦の間、当時大統領のペタンの名をとってペタン峰と呼ばれていたが、戦後一九四五年にシャモニー峰と改名された。政治は我々の山の高みにまで押し寄せてくるのだ。(訳注：ペタン大統領は大戦中ドイツに協力したというレッテルを張られた)

初登の前にはいつも同じ疑問がある。『なぜこのルートは今までのぼられなかったのだろうか？どこかに罠が隠れているのではないだろうか？』

たぶんこの急なクーロワールは雪がつかず黒い硬い氷の壁になってしまうからだろう。いずれ誰かが拓くことになるだろうが、その人たちもやはり同じことを問題視するだろう、と考えた。

フェルナンは速足でナンティヨン氷河の踏み跡を登ってゆく。我々は山の中のどこかでビバークすることに決めていたので、時間にしばられてはいず、なにも走ることはない。救助とか、嵐の接近とかの理由もないのに、体力を消耗させることはないと考えていた。

暑すぎて我々は異常に汗をかいていた。景色は我々を歓迎していなくて、クーロワールの上の山稜から大きな黒い雲が千切れて氷河の上に厚いカーテンをかけていた。氷河の小さな流れは汚い水を吐き出し、岩の上に黒く長い染みをつくっている。今夜は凍らない。規則的に氷河から割れたブロックが衝突する音が聞こえる。その音はシャルモの壁に反響して我々を混乱させた。

氷河の上に出ると、水は足を置いたところから小さな流れをつくった。あたり一面流れる水が不思議な音を立てている。この暖かさは我々の登攀にとって良い兆しではなかった。

いつもなら、お客とロープを結ぶ場所に着いたが、今日は二人だけなのでアイゼンを履くだけにする。フェルナンは大きなザックを背負っているので、すぐに出発した。今日の氷は割れやすくなっていて、アイゼンやピッケルの下できしみの音とともに細い亀裂をつくる。

ロニョンへのトラバースのところで私は仲間に追いついた。ロニョン、この氷河小島は上部の帯状セラックが崩壊しても右側に逃げることができる。ここで、氷と岩の間の危険なガリーを越えるためにロープを結んだ。そこは氷河が岩に当たって砕け、不安定なブロックとなって散らばっている。今日の状況ではセラックの恐怖の下で、クレバスにかかった細い氷の橋を渡らなければならない。息をころし、身を軽くして、微かな音にも聞き耳をたて、いざという時には向こう側へ跳ぶつもりで足をだす。

そこは通過した。緊張がほどける。次の行動に移り、危なかった瞬間のことは忘れる。

湿っぽい空気がロニョンのスラブを濡らしている。頭の上では雲行きがあやしい。ブレチエールの尖塔は遅い朝日のようなピンク色の光に染まっている。それはすぐに紫色の影へと変化した。山稜の切込みを赤い雲が矢のように通りすぎてゆく。そして、すべての山稜が灰色の雲の中に消えていった。本当なら《朝焼け、夕焼けの色付き雲は水車に水を送る》という古い言い伝えに従って山行を中止すべきかもしれない。

我々の右側では、懸崖氷河から剥がれた氷の塊がうなりを上げて空中に長い軌道を描き、二〇〇メートル下の氷の中に消えてゆく。下でぶつかった音はまわりの壁に反射して我々の耳に遅れてやってくる。

氷河の中に突き出した小島、ロニョンの下にグレポンに向かう踏み跡がクレバスのまわりに点線を描き巨大なセラック帯の下で急激に左へ曲がっている。ここは登攀者にとって最も危険な場所で、できる限り急いで通過しなければならない。

その後何年か経って、またそこを通った時、氷の破片の上に坐って何かを食べている二人のイギリス人に会ったことがある。私がそこは危ないと注意したにもかかわらず、二人は笑いながら大丈夫だと答えた。それから一〇分ほど経って、シャルモとグレポンの間のクーロワールの入口で振り返って見ると、二人はまだ動かずにそこにいた。つい最近、駆け足で通過したにもかかわらず、セラックの崩壊に巻き込まれたガイドがいたにもかかわらずだ。

クーロワールの中心に遮るものがないので、我々は右側へ寄った。腐った雪は足の下で崩れ、支えになってくれない。しかも下から細いクレバスが現れた。我々は大きなくちばしの鷲のような形のセラックに沿って登っていった。気温が高いせいであちこちに水の流れができてクレバスが青い傷口をみせていた。

急なクーロワールの下までやってきた。最初のピッチはブラックアイスで我々の頭上にそそり立っている。シュルンドの段差の上でそれは空にとびだしているように見えた。「ここはスケートリンクみたいに水平じゃないな！」とフェルナンが冗談を言った。

けれども、技術的な難しさが相棒や私をくじけさせるわけではなかった。我々はそれを求めてきたのだ。気にかかったのは天気のほうだった。空は軍隊の行進のような雲の連なりにおおわれていた。それは羊の群れに似て嵐の前触れだ。空気は重かった。登行は雪の中に膝まで潜った。何か期待のもてる兆候はないかと探したが、無駄だった。相棒にどうするか訊いてみると、答えは想像した通りだった。「天気は良くないな！　お客を連れているんだったら、すぐに下りるところだけど……」と言った。

しかし、今日はガイド同士だ。ロープを結んだ者同士としての責任は二人で分け合うのだし、決定もそうだ。二人だけなら誰かを連れての登攀よりも早いし、より強力であるはずだ。そして、二人ともこの登攀をやりたいと熱望している。我々の間には完全な信頼がある。こうした個人としての登攀は我々にとっては大きな気晴らしであり、職業としての登攀では得られない危険を楽しむこともできる。

最も賢く、最も難しい判断はまだ余裕のあるうちに引き返すことである。けれども、我々の登りたいという強い欲望は我々の眼を曇らせた。そして、本来ならやらないことを決定した。何ピッチか登って、嵐が始まったら下りてくることにした。この決定はまやかしでもあった。氷の急斜面を下降するのはひじょうに難しいことを知っていたからである。

この時、なぜだか分からないが、帰りに予想される緊急事態を考えて雪と氷の斜面に雪崩から身を護るためのビバーク用の穴を掘ることを私はフェルナンに提案した。この山塊では誰もそんなことはしない。だから、このとっぴなアイデアに二人のうちのどちらも異論を唱えなかったのも不思議なのだが、二人ともすぐに仕事にとりかかった。

氷の張りだしの下に掘ったこの簡単な穴は後に我々の命を救うことになる。

それから、我々はシュルンドの庇状の縁をルートの左岸までトラバースしていった。雪の中にアイゼンを踏み込むと、雪はすぐに足の下で崩れた。それで、腐った雪を取り除きながらの死に物狂いの戦いをしなければならなかった。払った雪は小さな雪崩となってシュルンドまで落ちていった。このモグラのような作業を続けた後、私はやっとクーロワールのしっかりした氷の上に出ることができた。

今度はフェルナンが先頭を交代する。そうして登攀を続ける間、我々はほとんど言葉を交わす必要がなかった。ロープを結んだ二人は調整のとれた機械のように進んでいた。早いリズムで繰り返される登攀作業はほとんど会話を必要としなかった。

細いガリーの両側にある岩壁は落石からこのルートを護っているように思えた。まわりの黒いスラブに落石の白い跡が見えないからだ。ときどき、緑色の固い氷を通して下の岩が見えるのだが、フェルナンはそこに我々の十本爪のアイゼンが引っかかるように小さな刻みをつける。交代して、次に私がこの固い氷に挑戦する。片手は壁にしがみつき、バランスをとって、片手で足場を切るのだ。各ピッチの最初の何メートルかは早く進むのだが、三〇メートルもそうして固い氷と戦っていると、腕が重くなり、ピッケルを握る手に力が入らない。ピッケルの刃は氷に跳ね返されてしまう。そうなると、トップの交代は大歓迎だ。

砕かれた氷の破片は、足の下でどんどん深くなる空間の中へ消えてゆく。そして、我々は不安定な岩の詰まった場所にさしかかった。氷は湿っていて、ピッケルの先は氷を壊すこともなく深く食い込んだ。それはすぐに抜いて、より確実な別の場所に打ち込む必要がある。フェルナンがこの不安定な場所をだましだまし登っていった。私はそのすぐ下にいる。ヘルメットを被っていないことを悔やんだ。用心深い私の相棒は〝砲弾よけ〟といって鉄板を入れたヘルメットを作ってきていた。

最後に彼はこの山をぐらつかせることなしに、ハーケンを一本打つことができた。

アイゼンをほとんど平らにおけるビレーポイントに居たので、私はそこを離れがたかったが、次のピッチをトップで登っていった。ルートはまだ誰も来たことがなく、自然のままだったので用心して進んでいった。一歩を踏み出すのに何度もステップやホールドの確認をした。岩は決して引いてはならず、それが収まっている場所に押し付けて登るのだ。岩を崩さないように、私は身体を岩壁に押し付け、胸で不安定な岩を支えた。アイゼンの爪は薄い氷をやっと引っ掻くようで、呼吸を小さくして身体を動かした。二〇メートルほど登って、やっと不安定な体勢でハーケンを一本打った。このピッチは私の神経を消耗させた。

トップ交代のビレーポイントでは、邪魔な石があると取り除いた。石は落ちると、最初は氷を削って白い煙を上げ、それから転がり、側壁にぶつかって跳ね返り、粉々に砕けて深淵の中へ消えていった。後には砕けた花崗岩の匂いが上がってきた。

ルートの半分まで登ると、クーロワールは広くなり、傾斜も少し緩くなった。今朝見かけた軍隊の行進のような小さな白い雲の群れは今や山稜のすべてを灰色に包んでいる。

もう下ることは考えなかった。スピードを上げて、できるだけ早く稜線に抜け出るのだ。急いでトップを交代しながら登攀を続けた。しかし、ルートの難しさと、必要な慎重さがブレーキをかける。各交代のビレー箇所では、パーティーを護るために最低限しっかりしたハーケンを一本打つ必要がある。岩を掘り出すためには氷を三〇センチは削らなければならない。

たぶん、最後のひじょうに困難な箇所となる岩壁が切り立っていた。クーロワールはそこに向かってまた傾斜を増した。それに、嵐の接近が我々の緊張の度を増した。もう空は墨を流したような色に支配されていた。時間は一六時。進行の遅さとは反対に時間はどんどん過ぎていった。

やっと、クーロワールの最上部まで登ってきた。黒く硬い薄氷の張り着いた垂直の岩壁が両側を狭めて続いている。遠くから雷鳴が響いて耳をつんざいた。嵐はもう山の向こう側まできている。それはすぐに頭上にやってくるだろう。霰が我々のアノラックを叩き出した。

今度はフェルナンが先頭に立って、傾斜の強い部分を登ってゆく。やっとバランスをとるような動きで、アイゼンの爪を氷に少しだけ引っ掛け、きしませる。傾斜が急なので、動きを制限され、苦労しながらホールドを刻んでいる。彼は苦労し、独り言を言って自分を鼓舞しているのが聞こえる。

「ここが正念場だぞ。よし！　ここを刻め！　チクショウ！　いったい俺はなにをやってるんだ?」

夜が少しずつ物の形を消してゆく。私にはもう相棒の姿が見えない。彼は立ち止まる。それから、風で切れ切れになった彼の声が私に登れと合図した。時間をかせぐために、彼にロープを固定してもらう。そして、私はそれを掴んで強引に登っていった。

今度は私がトップに立つ。一ピッチ毎に交代するのだが、一度交代すると休んでいる間にもうトップとして激しく戦う意欲が萎えてしまう。それで、先頭にたつと、最初の数メートルは新たに集中しなおさなければならない。

何分経ったのか、長く感じられた数分間、私の全エネルギーはこの最後の難しい数メートルに傾けられた。そこを登りきることだけが、目的のすべてになった。それ以外のことはどうでもよかった。そこには私の生命と、私のパートナーの生命がかかっているのだ。

岩や氷は馴染み深く慣れている。しかし、この瞬間は虚空への挑戦や疲れ、不安定な岩、そしてさらに雷の恐怖などが私の動作に影響をあたえていた。

一時間におよぶ激烈な登攀の末、岩壁の傾斜が緩くなってきたのを感じた。すこし前に見えていた浅いクラックに私は辿り着いた。そこまでの岩との戦いに夢中で、嵐のこともパートナーのことも忘れていた。飛び跳ねる雹の合間にとどいたフェルナンの声で私は我に返った。針峰の上から雹が流れとなって落ちてくる。薄明りに雲のうねりが円天井のように頭上を覆っている。遠くからときどき雷鳴が響いて、背後にそそり立つグレポンの壁に当たって大きく反響する。嵐の本体はまだ到着していない。けれどもさらに急ぐ必要がある。

クーロワールを登りつめ、我々は左岸の岩までトラバースした。それからは傾斜のゆるい目の詰まったスラブを登るためにアイゼンを脱ぐ。岩はどこもヴェルグラに覆われているが、時間をかせぐために二人一緒に氷と霰の詰まったクラックを右に左にたどりながら登った。

突然、山稜の切れ目、我々から一〇〇メートルほど上に人影が見えた。そして、人の声を聞いたような気がした。私はその方角へ向かって呼んでみた。けれども、強い風にかき乱された霧の塊が視界を閉じてしまった。岩壁の一部がふたたび現れた時には、もうそれらしきものは何も見えなかった。パートナーが岩棚までやって来た。彼は何も見なかったし、何も聞かなかったと言った。あれは夢だったのだろうか。

ルートの技術的に難しいところは終わった。我々はしばし立ち止まった。べつに成功を喜ぶためではない。道具をまとめ、干しアンズをいくつか口に放り込み、そして現在の状況を話し合った。嵐がやってくる。もう一刻も休むことなく下らなければならない。計画としては、ブレチエール針峰の北山稜の下にある岩棚を辿り、ブレゴー山稜まで行って、それを懸垂で下る。できるだけ急いで最後の薄明りを利用しないと夜がやってくる。それに、嵐になれば雷が落ちるにちがいない。山稜の突起から離れなければならない。

まさに出発しようとした時、我々のまわりで空気が帯電しはじめた。髪の毛が引っ張られ、毛糸の帽子が持ち上げられる感じがした。空気が音を立て始める。特徴的な、あの蜂が飛ぶような音が、山稜を走り回り、窪みに落ちて、あちこちに住みつく。けれども、疲労が怖さの感覚を鈍らせる。私はいずれ雷が落ちると思っていた。ところがやって来たのは静寂だった。空気中を飛び回っていた音は止み、かわって岩の隙間をこする空気の音が聞こえた。その時、フェルナンは鉄の板で補強した自分のヘルメットが危険なのに気が付いた。自慢していたことを後悔するように、怒り狂って彼はそれをザックの一番奥に仕舞い込んだ。

それから、また雷が、今度はすぐ近くまでやって来た。耳をつんざく雷鳴が波のように押し寄せてくる。それらはこだまし、あたり一面の山々をその音で満たす。突風が絶え間なく霰の塊を我々の顔に叩きつける。急ぐために、我々は最後の崩れた岩の斜面を一緒に登る。そうして、山稜の低い切れ目にとび出した。そこは吹き付ける強い風の通り道で、巨大な呼子笛と化していた。止まることなく、我々はそれから西壁を横断した。そこも突風にさらされていて、遮るものは何もなかった。ギザギザの岩稜が風の流れを切り裂き、長い悲鳴を上げている山稜へふたたび登りなおし、山稜のキレットへ導く易しい部分を大股で登っていった。そこで一〇メートルほど先の鞍部に人影を見つけた。その人も我々を見つけ、こちらに向かって笑いかけた。さっき、私は夢を見たのではなかったのだ。

フェルナンがすぐに言った。「彼女は雷が怖くないのか！　なんでこんなキレットの中にいるんだ？」

それは日本人の女性だった。我々がそばまで行くと、彼女は英語で、友人と北山稜を登り、夜と嵐の接近で下降ルートを見つけるのにひじょうに時間がかかっている、と言った。八〇メートル下、シングルにしたロープの先に彼女のパートナーがいるのが見えた。たしかに、彼は右に行ったり左にトラバースしたりしてルートを探しているようだった。

我々のほうは、あと一〇〇メートルも針峰の下をトラバースすれば、ブレゴー山稜に着き、それは良く知った下降ルートだった。私はこの若い女性に、彼女のパートナーがとろうとしているルートは長く、落石にさらされる危険があると説明した。フェルナンにしても私にしても、このルートを下降路にとったことは一度もなかった。それで、我々は下降ルートを良く知っているから、パートナーに登り返してもらって我々についてくるほうがいいと、彼女に伝えた。

彼女はすぐに下の男性にむかって何事か叫んだ。けれども、彼はたぶん疲れていたのだろう、下の岩稜を指さして、そちらに行くと答えていた。

時間はなかった。嵐が隣のペーニュ針峰とペルラン針峰で爆発し、もう我々の頭上に迫ってきていた。なんとしてもまた新たに雷を引き寄せる山稜から離れなければならない。私は彼女に危険のあることを何度も繰り返した。そして、なんとしても稜線の上から離れなければだめだと、きつく言った。我々は彼等と別れることを躊躇していた。すると、この日本人女性は我々の躊躇を見て、静かに微笑しながら、大丈夫すべてはうまくいく、と言った。

そこで、我々は雪と岩の斜面をトラバースしはじめた。私はもう一度振り返って彼女を見た。彼女は我々に笑いかけた。私は決して、彼女のその顔を忘れないだろう。下る途中で、我々はパートナーの男性と近い距離になった。それで一緒になるように身振りでサインを送った。しかし、その時も、彼は自分のルートを下る意志を示してきた。

フェルナンは低い声で、「困った石頭だ」と言った。それからすぐに我々はブレゴー山稜に着き、最初の懸垂の準備をした。風が強くてロープを投げることができなかった。それで、下りながらそれを繰り出すことにした。懸垂につぐ懸垂の間中、夜は我々を孤独にし、夜と雷鳴が岩壁の中で会話を不要にした。

嵐は今や頭上にあった。高山ではその形相は谷間で遭うものとは違って、より不安を与える。雷鳴の後、間髪をおかずに鋭い一撃がくる。衝撃的な閃光は岩壁に沿って叫び声をあげる。強い黄色の光が一瞬グレポンまでの空間すべてを満たし、岩壁を浮かび上がらせ、そして消える。正面のナンティヨンのコルには絶え間なく炎のような雲が生まれ、そして消えた。

突然、少し上の山稜に大きな雷が落ちた。私は濡れたロープを握っていたので両手に強い衝撃を感じた。ロープを離し、岩の間にうずくまった。特別、過度に心配したわけではなかった。というのはグラン・カピュサンの帰りに強い嵐に出会って、すでにこの現象を経験していたからである。これから辿るスペンサー・クーロワールの縁にあるロシェ・ドゥ・ラ・コルドゥの上では小さな炎がチラチラとした。細かな光の牙が尖塔の上を走りまわっているのが見えた。我々が下りてきた山の高みは強い嵐に叩かれていた。稲妻が走るとブレチエール針峰の大きな岩塔が姿を現した。光を背にうけてそれは巨大に見えた。岩の間で私は身を縮め、ヤッケにくるまって、このしばしの休息を楽しんだ。

フェルナンが雷のあいまに私のところへやって来た。彼はロープを雷が来た時にはいつでも離せるようにして持っていた。我々は夜の闇の中、見えないので岩稜に忠実に下っていった。そうすれば間違いなく氷河まで真っすぐ降りられる。我々には幸運がついていた。本当にそう思うが、岩の塊が積み重なった稜の懸垂下降で、一度もロープが岩に挟まって回収不能にならなかったからだ。おかげで時間をロスしなかったし、よけいな疲労もしなくてすんだ。

二一時、ずぶ濡れになってシュルンドまで下りてきた。さいわいにして、このシーズン初めの時期、割れ目と段差はそれほど大きくはなかった。嵐の本体はグレポンとシャルモ針峰の頂きの方へ移っていった。雷の閃光が氷河まで落ちるとそれらの針峰の姿が昼間のように見えた。雪の上に降り立って、少し立ち止まった。けれども、氷のように冷たい水は我々の肌の中までしみとおった。それから氷河の左岸に沿って下り、今朝我々が掘った穴を見つけようとした。そこでビバークするつもりだった。風は弱まり、霧のかたまりが斜面に張り付いていた。暗闇の霧の中を歩くと、方向も定まらなければ斜面の感覚もなくなってしまう。ロープのトップはセカンドに確保されながら、足とピッケルでめくらめっぽうにあたりを探ってゆく。お客とでなく、信頼できる一人の職業ガイドと山行をすることがどれだけ助けになるか身に染みた。霧の切れ目で、高い山ではつねに存在する薄明りと、ときどきの雷からの閃光のおかげで方向を修正した。

一時間ほど下ったところで、我々は貴重な我々の避難所の近辺にいるにちがいないと見当をつけた。歩行はひじょうに辛いものとなっていた。雪が腐って深くもぐり、一歩毎に足を抜くたいへんな努力をしなければならなかった。

雹は落ちなくなったが、そのかわりに氷雨が激しく降った。それはアノラックから靴まで流れ、身体中を濡らした。ビバークの場所は見つからないのではないかという恐怖があった。霧と暗闇の中での右往左往で、どのくらいの距離を下っているか分からなくなっていたからだ。この濡れた着物で一夜を外で過ごしたくはない。そこで我々は岩の形を目印に規則的にジグザグに下りはじめた。

突然、暗がりの中で、奇跡が起きた。我々は我々の掘った雪洞の前にいた。二人でその幸運に感謝しつつ、すぐそこに飛び込んだ。

雪洞はそんなに大きくない。二人でくっつき合って、背中を氷の壁に押し付け、時間を数えはじめた。水が入口の雪を攻撃し、やがて後ろの壁に沿って流れはじめた。息は天井で水滴になり、出っ張りを伝って手や足に落ちるようになった。その度に身体の位置を変えなくてはならない。水滴の集まる氷のとんがりを壊すと、やがてまた別の場所に水滴を落とす氷の棘が下がる。氷のように冷たい水は我々の足にひろがり、それから今度は身体全体が震えだす。規則的に凍えて硬直した手足の位置を変えるのだが、その度に執念深い震えは背中にまで上がってくる。

夜、遅くなって、眠れずに時を過ごしていると、耳をつんざく音が氷河を騒がせ、その音は我々の頭上にあった。本能的に脚を胸に引き寄せ、身体を氷の壁に押し付ける。疲れているにもかかわらず、恐怖が我々を締め付ける。何かが襲ってくる。

いきなり、雪洞の入口に雪と氷の幕が流れた。耳をつんざく轟は頭の上だ。落石の大群が我々の居場所のすぐ脇を通り過ぎた。そして、次には頭上に直撃がきた。それは避難所の庇を崩した。もし、このまま落石の攻撃が続いたら、我々を護るものは壊れてしまう。また、落石の大きな流れが右手を襲った。雪の塊が雪洞の入口を埋めた。私はそれを押し戻そうとしたが、無理だった。最悪の事態を心配していたが、雪崩の音はだんだんと小さくなり、遠ざかっていった。落ちる勢いがゆるんできた。雪の流れに混じって岩が落ちて雪洞の入口に積み重なった。そうして、音が止んだ。次の襲来を心配して、我々は長い間無口だった。けれども、静寂がやってきた。

遠くに聞こえる雷鳴が現実に嵐が去ったことを伝えてくれた。我々にとっての悪夢は終わった。そうすると、あの二人の日本人のパーティーの運命についての漠とした不安が我々をつつんだ。あらゆる可能性が考えられた。岩壁の中でビバークする場所を見つけられただろうか。雪崩が引きおこす落石は彼らの方へ落ちなかっただろうか。フェルナンは彼等のルートはダイレクトで我々より早く下ることができ、我々より先に下のロニョンの安全地帯に到着したと考えたがった。もちろん、疑問は疑問のまま残る。我々は雪洞の入口をふさいでいる雪を足でけりだす作業にとりかかった。

真夜中を過ぎると時間はいっこうに進んでくれなかった。一秒一秒が数えられた。寒気で水滴はもう落ちなくなった。雲が切れて、空がひらけてきた。星が瞬きはじめ、寒気はこの隠れ家に入り込み、我々を突き刺した。絶え間なく震える我々はさらにぴったりと身体を寄せ合った。やがて夜が明けるだろう。忍耐は習慣になっている。我々はもっと悪条件でも耐えてきた。凍えた身体で待つ時間の経過はとてつもなく重大な意味を持つ。私は帰路のモレーンの上で再会する太陽の暖かさを想像した。その時には過ごしてきた最悪の時間は少しずつ薄れていって、もう思い出の一部に変わってゆくだろう。

ゆっくりと、最後の星々を消しながら、夜明けの青白いベールが我々の避難所の入口に下りてきた。それと共に鼻を刺し、こめかみを締め付ける冷たい空気が流れ込んできた。呼吸する息がアノラックに霜をつける。我々は身体を動かし、硬直した四肢をほぐす。その度に身体に張り付いた透明な氷が砕け落ちた。外ではすべてが凍結し、静寂が支配している。

寒さを和らげる太陽を待ちながら、両足の靴を打ち合わせ、温める努力をする。動く時が来た。起き上がって我々の避難所から抜け出すのだ。

我々のまわり、氷河の表面にはどこも汚れた雪の塊が散らばっていて、その中に深く掘れた溝が走っていた。雪崩の本流は雪を氷河まで押し出していた。あちこちに岩壁からはがされた花崗岩のブロックが流出物の間に暗礁のように見えた。岩雪崩が雪を巻き込んだのにちがいなかった。

今朝の凍結だけでは雪は我々の足元を支えてはくれなかった。一歩毎に表面の雪の層を踏み破った。この雪崩の規模はあの二人の日本人についての心配をよみがえらせた。


それはナンティヨンの主氷河につづくランペの傾斜路に着いた時だった。堆積物の中に横たわっている手足の千切れた最初の身体を見つけた。もう一人は少し下にいた。下降中、雪崩が二人を襲ったにちがいなかった。

大きな悲しみに襲われて、無口で我々は帰路についた。昨夜の不安に満ちた嵐の経験と今朝の健全で幸福に満ちた山の景観との違いはあまりにも大きいものだった。空にも雪の上にも平静が戻ってきていた。

グレポンのギザギザした頂稜が蒼い空に突き出ている。雲海は谷を埋めていて、シャルモ針峰の山稜の隙間からもれる太陽の光が輝く雲の島をつくっている。それらはまるで何事もなかったようだ。けれども、我々の足元の雪崩の爪痕と、ブロックに挟まれた二つの遺体は夜の間に起きた自然の狂暴な襲来を思い出させる。私はロープの先の男性と彼のパートナーの女性の微笑みをふたたび思い出していた。

「救助を呼ばなければ！」とフェルナンが私の感慨を打ち破った。私の中には我々についてくるようにと、彼等を説得できなかった後悔があった。私の相棒も同じ思いがあったのかもしれない。「だって、彼等と一緒だったら、きっとうんと時間をくって、たぶん我々もこうなっていたかもしれないよ」と彼は言った。

1965年7月1日付。上は日本人パーティー（林与四郎と飯田博子）の遭難を知らせる記事。
下はフェルナン・オディベールとクリスチャン・モリエのブレチエール北壁クーロワールの初登攀を伝えている。

翌日、地元の新聞がこの二人の日本人アルピニストの死を数行報じた。二十七歳のスキー教師とパートナーの二十三歳の女性だった。それはこの山塊ではよくある、べつに珍しくもない事故が一つ増えただけだ。けれども、彼等の登攀と交差した我々にとっては、彼等の思い出は記憶に深く刻み込まれた。我々の初登攀の喜びと、嵐を問題なく乗り切った満足はこの悲劇的な事故によって輝きを失っていた。

フェルナンと私にとって、この新ルートはあの二人のアルピニストの思い出に結び付けられている。

ヴァレ・ブランシュのロープウェイ

一九六一年八月二九日、標高三七九二メートルのトゥール・ロンドへノーマルルートから登る計画だった。それはほとんどが雪のルートの易しい登攀だが、イタリア国境にまたがる素晴らしい景観がある。私のお客、イレーヌ・カラメラは岩のルートのクライミングよりもアイゼンを付けての山行を好んでいた。

アプローチはロープウェイでエギュイユ・ディ・ミディへ上がり、それからヴァレ・ブランシュの上部を横切って雪のクーロワールの取り付きまでゆく。

ミディー・ロープウェイの山麓駅はまだ時間が早くて扉は閉まっているが、もうその前にたくさんのアルピニストがかたまっている。早く切符を買おうとしているのだ。その時代、シャモニー針峰のクライミングは人気で、ペーニュやペルラン、シャルモ、グレポンといった針峰の取り付きには順番待ちの行列ができた。現在ではそんな流行は忘れられている。そうした有名な針峰のクライミングはロープウェイからのアプローチの近い、エギュイユ・ルージュ山塊のクライミングに取って代わられた。

そんなわけで、当時、雪の状態がいいうちに、そして先行パーティーの落石を避けるために早く岩場に取り付こうと、誰もがロープウェイの最初の便に乗りたがった。ピッケルやアイゼンで武装したアルピニストのごちゃまぜの集団の後ろには日本人の団体が列をつくって並んでいて、眼に見えるものをすべて写真に収めていた。古い錆びたロープウェイの大輪にまでカメラを向けるので、仕方なく日本人の後ろに並んだフランス人の観光客が「彼らは全員スパイかい？」と言った。

六時十分前、大きな音を立てて扉が開く。切符売り場目がけてなだれ込んでくるケモノの群れを避けて、ロープウェイの従業員はあわてて横に飛び退く。窓ガラスが割れる音がする。このラッシュの前にザックを外しておかなかった人は列の外へ弾き飛ばされる。けんか腰で押し合いをしている集団は一歩ずつチケット売り場へ進んでゆく。

ひと騒ぎが終わり、頂上へ向かうゴンドラに乗り込むと、やっと静けさが戻ってくる。頂上駅で、氷のトンネルを抜けて山への出口に立つと、突然いつ見ても素晴らしい光景が眼に飛び込んでくる。今日は、遠く空の底にマッターホルンやモンテローザが見え、太陽に光り、星のように見える。近くでは深い青色の空がジェアン氷河の白い輝きにまで落ちている。

朝が早いとまだ太陽に緩んでいない硬い雪面は歩行を楽にしてくれる。ロニョンのコルに十字架をみつけ、私のお客はここで山の遭難があったのではないか、と言う。私はそれが第二次世界大戦中、ここでの戦いで死んだフランスとドイツのふたつの国のアルピニストの思い出のために建てられたと説明する。

「こんな美しい景色の中で、よく戦争なんてできるわね」と彼女は言った。

私は付け加えた。

「しかも、一九四四年のこの時、もうドイツは負けることがはっきりしていたのにね」

ポアン・アドルフ・レイの下部アレートを過ぎて、我々は氷河に大きく口を開けているたくさんのクレバスを一つ一つ越えていった。右手のバラ色の岩壁は太陽に照らされて、熱い光がみなぎっていた。

東の方にはダン・デュ・ジェアンの姿が空の中にくっきりと立っている。その視界の中をロープウェイの線が横切って、この氷河と高山の美しい景色をぶち壊している。

我々の前には細かな結晶をきらめかせる雪を被ったセラックがあり、その丸い背中には踏み跡がくねくねと続いている。東側を向いたクーロワールは太陽に暖められて深いトレースがあり、我々はそこを登り始めた。上にはイタリア人の一隊がいて、賑やかに歌いながら登っていた。白い壁の凹みに溜まった暑さは耐えがたく、登行はつらいものになった。イタリア人たちの登行スピードは遅くなり、歌もやんだ。彼等が壁の途中で止まったので、我々は追い抜いていった。

一時間半の登行の末、頂稜に出た。さっきまでの暑さから解放されて、涼しい風が我々を生き返らせる。

「さっきはもうやめようか、と思ったわよ!」とイレーヌは言った。

トゥール・ロンドの頂上はほとんどモンブラン山塊の中心に位置する。そこからのイタリア側の景色は素晴らしい。時間は昼で、暑さがブレンバ氷河に雪崩を落とす。私は持って来た双眼鏡で西側、フレネイ岩稜の頂上あたりを探してみた。最初の悲劇のあった後で、今日は初登攀の可能性のあるパーティーがいるのを知っていたからだ。この時間、遠くにこのルートの核心部のラ・シャンデルの上の雪稜を歩いている二つの小さな点を見つけた。ということは初登攀は成功したのかもしれない。

斜めになった太陽光線はモンブラン・デュ・タキュールやグラン・カピュサンの岩壁の割れ目やオーバーハングをはっきりと浮き出させていた。モンブランは頂上の下に広い凍った雪の斜面を鏡のように光らせていて、いくら見ても見飽きることはなかった。

イタリア人たちのパーティーが頂上のブロックの下に現れた。頂上が見えて近くなったので、彼等はまた饒舌になり、ピッケルを振り回している。彼等に場所を明け渡して下ることにした。雪が腐ってきて、アイゼンに団子となり、クーロワールの下のサラマンジェ、食堂といわれる場所までいつものように注意して下らなければならなかった。深く潜る雪の状態を見て、私はエギュイユ・デュ・ミディの方へ氷河を歩いて戻るのを断念して、イタリア側からフランス側のミディへ氷河の上を横断しているロープウェイで帰ることにした。

ロープウェイの駅にはたくさんの観光客がいた。我々は出発口へ上がっていった。このロープウェイのキャビンは四人乗りで、それが三台連なって一つのグループを作っている。キャビンはイタリアのエルブロンネール駅からエギュイユ・ディ・ミディまで五一〇〇メートルの長さの直径三二センチの支索に吊り下げられ、曳索によって引っ張られて動く。キャビンの移動する速度は早くなったり、遅くなったりで、お客を乗せるために停止する時は遅くなり、お客の出入りがない時は早い。

出発の場所に人は多くなかった。我々の前には父と息子の二人のイタリア人と四人のドイツの家族がキャビンに乗ろうと待っていた。私の客と私は彼等の後ろで、他に一人だけの男の観光客がいた。

乗る時には礼儀正しい譲り合いや、笑顔のやりとりがあり、けっきょく二人のイタリア人とドイツ人の家族は次の三台一連のキャビンにすることになった。

最初の連の最初のキャビンには一人だけの男が乗り、我々は二台目に乗り、三台目は空でこの連は出発した。みんなは親しげに手を振り合った。運命というのか、この小さな順番の譲り合いが生と死を分けることになった。

時間は一三時頃だった。空はふたたび深い青になったが、モンブラン・デュ・タキュールの南東側は影におおわれていた。山は今朝見た時のような魅力を失いはじめていた。昼間の暑さはあちこちで雪の塊を落とし、それが氷河の上に小山をつくって拡がっていた。それはヴァレ・ブランシュの広大さに比べてとても小さく見えた。三つの黒い点のようなアルピニストのザイルパーティーが大きく口を開けたクレバスのまわりにトレースの不思議な線を描いて、グロ・ロニョンの方へ登ってくるのが見えた。

キャビンは大きな音を立てて、ロニョンのトンネルの中を通り、太陽が一杯のコル・デュ・ミディの広い雪原の上にでた。それからクレバス帯の上で速度を落とし、その後急に勢いをつけてエギュイユ・ディ・ミディの南壁に向かっていった。ミディのコルの方を見ると、その白い雪の斜面は遠くに見えるドーム・デュ・グーテの凍った白い斜面と区別できなかった。その時だった。コルぎりぎりに、突然、光の中から一機の

ヴァレ・ブランシュ・ロープウェイの三連のキャビン

飛行機が現れた。私はこの時の映像を決して忘れないだろう。ジェット戦闘機が機体を太陽に光らせながら上昇の姿勢を取り、真っ直ぐ我々の方へ向かってきた。ほんの一瞬、私はその飛行機が美しいと思った。そして、ひどく低いところを、低すぎるところを飛んでいると思った。しかし、まさかそれが見えたとたんに我々に激突するとは思ってもみなかった。何も考えることはできなかった。一秒の何分の一かの後、とんでもない衝撃が襲ってきて、キャビンが爆発したかのように大きく揺れ、我々は振り回された。早いスピードで走っていたキャビンは突然止まり、ひっくり返り、それからものすごい勢いでエギュイユ・ディ・ミディの方へ引っ張られていった。

飛行機は衝突し、我々は一五〇メートル下の氷河に落ちるに違いないと思った。悪夢が続いた。藁人形のように我々は一方の端から反対側へ投げ出され、あらゆる方向に回転し、ぶつかり合い、壁に打ち付けられた。それは限りなく続くように思われた。一瞬、無重力の中を浮遊しているような感じがしたが、次の瞬間には鉄板に叩きつけられ、青い空と白い氷河が交互に眼の前に現れ、自分が回転していることが分かった。この極度の恐怖の中でイレーヌも私も叫ぶことさえできなかった。

いろいろな考えが私の頭の中を駆け巡った。けれども、死ぬとは思っていなかった。恐怖の瞬間と諦めの感情、運命といったものが交互に現れた。とにかく、生きて抜け出す希望だけを頼りに、この状況を受け入れる。しかし、なんてことだ。山での墜落なら何とか受け入れられるが、こんな籠の中で、何の抵抗もできずにばかばかしく死ぬなんて。

我々はまだ落ちてはいなかった。そのすさまじい空中曲芸は続いていて、終わりがないように思えた。私は戦いたかった。何か行動を起こしたかった。しかし、この機械の中に閉じ込められてアルピニストとしてのすべての反射行動をとることは不可能だった。とりあえず、何かを試みたというだけのささいな反抗すらもできなかった。

突然、揺れの振幅が小さくなった。そして、しばらくすると完全に止まった。私は腕を組んだ状態でガラス窓に押し付けられていた。我々はまだ空中にいて、生きてぶら下がっている。イレーヌはまったく何も言わず、それからわっと泣き出した。私は何も起こさないようにしばらくじっとしていた。けれども、何も起きなかった。それまでの大騒ぎに続いて、大きな静寂が支配していた。私はイレーヌをなだめ、すべてはうまくいくと言った。彼女は虚脱状態で何も言わなかった。

何かをしなければと思った。何もできない無力さに腹を立てていた。それで私は狂ったように行動にでた。キャビンの扉を開け、屋根に登った。動きでキャビンはまた揺れた。見ると、恐ろしいことに、支索のワイヤーは無傷なのだが、キャビンはたった一つの滑車で引っかかっているだけだった。それ以外の機構はすべて外れて空中にぶら下がっていた。三番目の誰も乗っていないキャビンも同様の状態だった。これでは行動するにしても相当に慎重にやらなければならない。後ろを見ると、一番目のキャビンは完全に脱索して、十メートルほど下にぶら下がっている。それは我々のキャビンと繋がっている細い曳索のおかげで空中に留まっていた。中では男が一人、坐って何か書き物をしていた。驚いている暇はなかった。それらのすべてはいつ外れてもおかしくなかったからだ。

コル・デュ・ミディの氷河の上には誰の姿も見えなかった。ケーブルを震わす風の音以外音もしなかった。誰かこの状況を理解しているのだろうか。突然、大きな不安が私を襲った。残り一〇〇メートルの山頂駅の方へ無傷の曳索でこのキャビンを引こうと誰かが考えたら、どうなる。これらすべては氷河に落ちることになる。なんとしてでも、そのことをロープウェイの人間に伝える必要がある。何もしないでくれ、と言わなければならない。そのことが私の頭をいっぱいにした。けれども、ここから出るにはどうしたらいいのだろう。

私は南の方を振り返った。ドイツ人とイタリア人の乗った三台の連は見えなかった。一体どうしたのだろう。飛行機が我々の連と彼等の連の間のワイヤーに衝突したのは間違いない。私は飛行機が我々の後ろに来たのを見ている。キャビンを吊った支索はしっかりと張られていた。そうでなければ、我々は全員落ちているだろう。それに比べて、曳索のほうは我々のキャビンの後ろで切れてヴァレ・ブランシュの氷河の上に落ちていた。本当にもうちょっとのことだったのだ。ケーブルの下に見えるクレバスのところに飛行機の補助タンクがあった。きっと、その衝突で機体から外れたにちがいない。

我々の状況の危険度を考えると、とにかくこの状態をこれ以上悪化させないために最低限できることをしなければならない。私はキャビンに戻り、イレーヌにキャビンを動かさないように施設の責任者に伝えに行くと告げた。

「どうやって?」と彼女は不安そうに訊いた。

ケーブルを伝っていけば、上の駅まで行けるだろう、と私は答えた。

彼女は私の企てはまったく気違いじみていると考えた。

私は三〇メートルのザイルを二つに切って、その一本で外れているキャビンの二つの車輪と鉄枠を支索に括り付けた。残りの一本を扉から通してイレーヌを支索に結び付けた。そして、扉を開けておくように言った。もし、不幸にしてキャビンが落ちたとしても、イレーヌは単独で支索にぶら下がることになる。最悪のことを考えた。

この作業が終わると、カラビナでチェーンを作って、それで私は支索に仰向けに吊り下がった。そして、手と足を交互に使って支索を引き、前へ、上方へ進んでいった。最初の何メートルかを行くと、一番目のキャビンの上に出た。中で男は冷静に何かを書いていた。彼には状況が分かっているのだろうか？

三〇メートルほどこのやり方で進んでみると、とてもこの方法では遠くに見える目的地までたどり着けないことが分かった。支索は私は考えていたよりずっと傾斜が強く、腕はすでにパンプしていたし、支索の上に組んだ足を保持するのはひじょうな努力が必要だった。怒り狂って、この苦行を早く終わらせようと力を振り絞ってさらに一五メートルほど進んだ。けれども、カラビナと支索の摩擦はさらに大きくなり、先に進めなくなった。疲れがひどくて、足が突然開いて私の身体は吊り下がってしまった。

もう、自信がなくなって、私は戻ることにした。向きを変えることは不可能だった。私は同じ姿勢のまま、今度は手で押して後ろ向きに少しずつ下っていった。一時間後、あるいはもっと掛かったかも知れないが、私はキャビンの屋根にたどり着いた。摩擦でカラビナの鉄がす

パリ・マッチに載った写真。

クリスチャン・モリエがキャビンの上にいる。

り減っていた。

少し休んで、イレーヌに言葉をかけ、私はふたたび屋根に上り、三番目のキャビンの屋根に移った。切れて垂れ下がっている曳索のケーブルが私にとっては脱出の唯一の方法に見えた。それは垂直に一五〇メートル氷河まで垂れている。だから、それを伝って下る時は自分の手足以外に自分を護る方法はない。このケーブルワイヤーは油が塗ってなく、その捩れたストレンドは私の体重を支えるのに十分な手がかりになってくれるだろう。

長い間、私は成功の可能性を考えた。そして、意識を集中して鉄のケーブルを素手で握りしめ、膝で締め付けながら空中へ飛び出した。

一センチずつ氷河の白い面に向かって下降を開始した。それは終わりのないように思え、筋肉は悲鳴を上げ、不安は増大した。何メートルか下がっただけで、本当に下りられるか心配になった。腕にかかる負担が大きくて、膝をさらに強く締めた。不可能なことをやっているのではないかという不安で、喉が締め付けられ、やがて手を放してしまうのではないかと思った。しかし、後戻りするにはもう遅すぎた。

動いているうちに、不安はなくなってきたが、腕が痙攣しはじめた。手が開きそうになるので、より強く握りしめなければならない。空間の方へ引っ張り込もうとする自分を体重を支えるため、この鉄の綱を握る力を保つためにさらに気力を奮い立たせた。私には眼の前のこの鉄の捻じれしか見えなかった。これが私の命をつないでいるのだ。

ある一瞬、ちょうどドライバーが睡魔に襲われ眼をつぶって楽になりたくなるのと同じように、私もそのまま手を緩めて滑り落ちてしまいたいと思った。けれど、自己保存本能がそれに抵抗した。それに負けそうになったことが怖くなった。

ほとんど中間まで下りてきた時、疲労は私の理性を殺し、そこで戦いを終わらせてもかまわないと思わせるほどになった。しかし、しがみつけ、しがみつけ最後まで、という内からの声が聞こえてきた。

一時間後、あるいはそれ以上、あるいはそれ以下の時間が経った頃、自分のまわりが白くなってきたことに気が付いた。頭の上ではケーブルの先が空に消えていた。無事に下に着くという希望は確信

ロープにぶら下がって

に変わった。そしてそれは後二〇メートルを落下せずにやっていく力を奮い起こさせてくれた。

やがて、私はケーブルが曲線を描いているのを感じ、最後の数メートルを降りた時には完全に疲れ切っていた。ケーブルの下で、青い空を見ながら雪の上に横になって長い時間が経った。新しい生命を手に入れた素晴らしい時間だった。

私は氷河の上に一人だと思っていたのだが、一人の男が私の上にかがみこんで、起きるのを手伝ってくれた。その男はイタリアのジャーナリストだと自己紹介した。彼はフレネイ岩稜での初登攀をレポートするためにヘリコプターでやってきていた。そして、飛んでいる最中にヴァレ・ブランシュのロープウェイに何かが起きたことを感じた。それで事故のすぐそばに着陸して私のロープ曲芸をフィルムに収めたのだった。悪戦苦闘していた私は何も見ず、何も聞こえなかった。

時間を無駄にしたくなかった。一刻も早く私のキャビンの連の状態を施設のメカニックに知らせなければならない。急いで、ミディのコルと針峰の間にあるロープウェイの出発駅を目指した。施設の従業員が下のプラトーで私を待っていて、二人で一緒に登って行ったが、彼の言葉に私はすっかり安心した。事故のすぐ後、彼等は双眼鏡でキャビンの状態を調べ、機械を動かすつもりはまったくなかったというのだ。けっきょく、私の苦労は無駄だったことになる。しかし、私には、とにかく自分で何かを試み、そして誰の助けも借りずに脱出したという満足感があった。

駅に着いた時、すでにバケットが支索に取り付けられていて、二人の作業員がそれに乗って、不安一杯で待っている私のお客のキャビンと男の乗った一番目のキャビンまで漕いでゆくところだった。私は一緒に行こうと申し出たが、彼等は場所に余裕がないと言った。

私が死んだに違いないと思っていたイレーヌはしばらくして救出された。私は彼女と一緒で無事にシャモニーの谷へ帰ってゆくことに大きな喜びを感じた。彼女にとって悪夢は終わったが、そのショックは大きかった。その後、彼女はもう高山に戻ってくることはなかった。私は彼女に自然や山へ登ることは今回の事件とはまったく別のことだと何度も言ったのだが駄目だった。

イレーヌの後、空中にぶら下がった乗客も救い出された。彼は急いで書いた紙切れを持っていた。キャビンが外れて吊り下がった時、彼はもうそれが最後だと思ったのだ。遺書を書かねばと考えた。そして、私が彼の頭上で空中曲芸をやっている間、彼はその作業に集中していたのだ。

我々の後ろの連のキャビンに関しては悲しい報せがあった。飛行機は我々と彼等の二つの連の間の曳索を切断した。我々のキャビンはものすごい速度でミディ針峰の方に引っ張られ、そちらには障害物がなかった。後ろの連のキャビンは反対方向に引っ張られ、左右に大きく揺れている間に、ロニャンの岩の中を通るトンネルの側壁に激突した。キャビンは爆発したように粉々になり、千切れた人体が岩壁から氷河の上にまで散り散りに撒かれた。ハンブルグのドイツ人一家、ルドルフ・ボルマン（四十五歳）、その妻ハンナ（四十二歳）、娘ギゼラ（十四歳）そして息子のヴィルカー（十二歳）とトリエステからのイタリア人の父と息子はこの悲劇的事故の犠牲となった。

ロニャンとエルブロンネール駅の間に止まったキャビンの中には百人近い乗客がいた。彼等は不安の中で長い間待たされた。彼等はたいていは薄着で、食べるものもなく、もちろん三六〇〇メートルの高度で夜の寒さに備えるものなど持っていなかった。我々のキャビンと同じように脱索がないか、ヘリコプターが飛んだが、他には異常は認められなかった。大きなスピーカーが設置され、それで規則的に救助が進んでいることが知らされた。

イタリア側では救助はAlpini（イタリア軍山岳部隊）によって行われた。まず、メインの支索が緩められ、キャビンが氷河に近づいた。エルブロンネール駅に近い場所ではザイルがその上に投げられた。そして救助員がキャビンまで登り、乗客を一人一人雪面まで下ろした。リタ・カトラックというインド人の女性はサリーを着て、足は金色のパンプスをはいていたが、雪の上に下ろされるや、そこに埋まってしまった。ちょうど、そこを通りかかったアルピニストが彼女に毛糸の靴下を一足提供した。二〇時、そちら側では九人がそうして救出された。

エギュイユ・ディ・ミディの方では、救出の難しさはもっと深刻だった。救助はEMHM（陸軍高山学校）とロープウェイの従業員によって行われた。それは大変な仕事だった。まだ八〇人の乗客がジェアン氷河のクレバスの上一二〇メートルの高さのキャビンの中に残っていた。キャビンはすべて脱索していなかったので、彼等は切れた二本の曳索を組み撚り継ぎで繋いだ。そうして、キャビンはゆっくりとロニャンまで引き上げられた。そこで山岳兵たちが乗客を受け、急な岩場を氷河の上に設置された救助センターまで運んだ。

最終的には二二人の乗客がキャビンの中で夜を過ごさねばならなかった。キャビンの一つにはガイドのピエール・スリーズが三人の女性と乗っていた。彼は予備の着るものを彼女たちに与え、足を叩いて寒さと戦うことを教え、眠り込んでしまう危険を避けるように話しかけた。朝、身体を凍らせる冷たい風がキャビンの隙間から入るようになると、この老ガイドは強いブランデーのビンを取り出して、彼の不幸な仲間たちに振舞ったのだった。結果として、怪我人も病人もなく最後の乗客は八時二〇分に解放された。ドイツ人のあるカップルなどは、おかげで忘れられない一夜を過ごすことができた、と言った。

　こうした事故が起きると、いつものことだが、新聞はパイロットの犯罪的過失を非難する記事を書きたてる。この飛行機はＦ８４サンダーストレック、単座、単エンジンでリュクイユ基地所属。モンブラン・デュ・タキュールの斜面を飛行しているのを谷から見られている。エギュイユ・ディ・ミディのサン・レモ展望台にいたツーリストたちはこの飛行機がロープウェイの下を通った後、急上昇し、大きな円を描いてヴェルト針峰の方へ飛んだと証言している。コル・デュ・ミディから現れたのを見たのは私一人だった。後から考えてみると、その飛行高度がひじょうに低かったことから、彼はロープウェイの下を潜り抜けようとしたのではないかと思った。

　最初の頃、報道ではパイロットはレーダー探知から逃れるための低空飛行を命令されていた、となっていた。けれども、これは軍の幹部によって否定された。ロープウェイのある区域で超低空飛行が命令されることはないし、これはリュクイユの１１６基地所属、第４飛行中隊のパイロット、ジグラー大尉の不幸な判断によるもので

パリ・マッチの表紙

あったと発表された。大尉はフランスとイタリア国境の地形の調査、人口密度の少ない場所での飛行経路の正確な位置、高度の調査が命令されていた。ジグラー大尉はそのミッション中もう一機、別の飛行機と一緒に飛んでいた。偵察飛行が終了し、基地へ帰還のためモンブランの際を飛行した。もう一機がジグラーに警告を発した時、機は視界から消えていた。

軍からの発表によると、ジグラーはそれから大きな円を描いた。それは同僚機に自分の姿を発見させるための通常の行動で、その最中、また彼の方でも同僚機を見つけようとしている最中、彼は理由の分からないショックを感じた。同僚機が彼に着脱可能の予備タンクの一つが破損していると伝えた。彼は機体に異常な振動があることから、このタンクを切り離し、基地に戻り、起きた事例をすべての航空関係者に伝えた。

すぐに事故調査が始まった。機体はモンベリアールの予審判事のところに接収された。最終的にジグラー大尉は無罪となった。ロープウェイの経路は違法に建設されていて、それは航空地図に載せられていなかったからである。

新聞や大きな週刊誌が、私が切れた曳索を伝って下りてくるところの、イタリア人のレポーターの写真を載せた。そして《素晴らしい脱出劇……。こうした悲劇がある度に生まれるヒーローの一人》などと書いた。

実際には、ケーブルに取り付いて最初の数メートルを行っただけで私はうまくいかないのではないか、と思った。しかし、私の中にはどうしても知らせにいかねばならないと決めた男がいた。それは奇跡ではなかった。私の耐久力は五月に仲間とのヴェルコールでのクライミングに始まり、その後シャモニーの針峰群の中で過ごした長いクライミング・シーズンの成果だった。

私のお客と私はあの被害者になっていたのかもしれなかった。けれども、巡りあわせは別の道を辿ったのだ。乗車の際のじつに単純な順番の譲り合いが片方を助け、もう片方を死に追いやった。運や偶然などのほんのちょっとしたことがすべてを変えてしまう。我々の人生においては絶え間なく偶発的なことが起きるが、避けられない事態に対して個人の判断など役に立たないこともあるわけだ。

父の時代の救助活動

家で、父は自分の山行の話はあまりしなかったが、遭難救助についてだけは別だった。きっとそれは印象に深く残っていたせいだろう。そうした悲劇的な話をたびたび聞いていたので、それはガイドを職業とすることへのブレーキとなっていた。きっと山の上には危険がいっぱいなのだと思っていた。

今から二世紀前、シャモニーではアルピニズム誕生の時代から、遭難救助はガイドと土地の人間の手で行われていた。私の父の現役時代、一九三〇年から一九五五年頃もそれは全く変わっていなかった。

干し草の取入れ最中、人が父を探しに牧草地まで慌ててやってきたのを思い出す。そうして、彼等は遭難者が怪我をしているだけなのか、あるいは死んでしまっているのかも知らずに、ペーニュ針峰だとかグレポン、あるいはクーベルクルへと出かけて行った。急いで装備を整え、手の空いている仲間と共に、大至急で山へと向かっていく。母は沈黙を守っていた。私と兄弟の牧草地での仕事は倍になった。嵐がきそうな時には、雨に当たって草がだめになる前に取り込まなければならない。それで他の人手を探しにゆくこともあった。干し草が取り込まれる前に嵐が来て、濡れてしまうと、それがまた完全に乾くまで数日間作業を待たなければならなかった。

このような父の突然の出発にたいして母が不平を言うのは聞いたことがなかった。そうしたことはこの土地では習慣やしきたりの一部になっていた。ガイドで手の空いている者、そして元気な者は他のアルピニストの救助を断ることはできなかった。救助活動はボランティアだった。たまに、救助された人が御礼の手紙を書いたり、感謝の気持ちで小さな贈り物を送ってくることがあったが、それは稀だったと父が言っていた。

谷でも山の中でも、土地の人間、あるいは観光客の事故はたくさんあった。そのため、谷に住んでいる者は救助に慣れていた。記録に残っている最初の事故は一七八四年、エム針峰の下で死んだ一人の観光客だった。二番目はチューリッヒから来たジャコブ・エッシャー氏

1925 年ジェアン氷河で死んだスイスのアルピニストの遺体を運ぶところ：H&h

で、一七九一年六月二六日、バルム峠で死んでいる。有名なガイド、カシャ・ル・ジェアンの率いる一団が苦労して遺体をシャモニーの谷まで下ろした。けれども苦労はそれだけで終わらなかった。家族が故人をプロテスタントの土地に埋葬したいので、チューリッヒまで送還してほしいと頼んだのだ。それで、柩はラバの背で、モンテ峠とフォルクラ峠を越えてマルチニーまで運ばれた。

救助に加わったガイドの孫が報告した一つの例がある。

一八六〇年代、イギリス人のアルピニストがたくさんシャモニーを訪れた。一八六六年八月二三日、ガイドのジャン＝ピエール・カリエはその週いくつもの山行をしたので、その日はガイド組合の仕事割には参加していなかった。自分の休養日にしていた。朝、シャモニーの上にある自分の家のテラスで、モンブランから下ってくるザイルパーティーを双眼鏡で見ていた。空は灰色で、天気は安定していなかった。強い風に押された雲が頂きを包んだ。いくつものパーティーが下降を急いでいた。標高四〇〇〇メートル付近のグラン・プラトーで二人のアルピニストが問題をかかえて遅れていた。彼等の歩みは遅かった。時々、雲が彼等を隠した。突然、カリエは二人が転んだのを見た。彼等は起き上がり、ルートを探したが、やってきた嵐のおかげでセラックとクレバスの出口のない方向へ行こうとしていた。

ガイドのカリエは起き上がり、家へ入って妻にモンブランで起きていることを簡単に説明した。彼女は直ぐに事情を呑み込んだ。彼はピッケルとザイルを用意し、食べる物をヤギの皮でできたザックに突っ込んだ。そして急いでガイドのいつもの粗末な服装を身につけた。セーター、毛織のベスト、目出し帽、毛糸の長靴下、大きな登山靴をカバーするスパッツなど。

彼の妻は出発を止めたりはしなかった。不安であっても、彼女は強く、勇気があった。彼女は夫が直面する山、嵐などの危険を思った。それに彼は一人で出掛けようとしていた。彼女は同時に四人の子供についても考えた。一番小さい子供、それがこの話を報告する男の父親だった。彼はやっと二歳になったばかりだった。ジャン＝ピエールは妻を抱擁し、頼むよと言って出て行った。

山の中の近道をとって、ガイドは急いでモンターニュ・ドゥ・ラ・コットゥの頂きに着いた。そこからジョンクションの氷河を横切っていった。風にさらされたグランミュレの岩に沿って、最後に二人のアルピニストを見た場所へと登っていった。

驚くべきことに彼は二人を見つけた。彼等は道に迷い、嵐と高度によって疲れ切っていた。二人のイギリス人の兄弟で、二十歳にもなっていなかった。急がなくてはならない。ガイドは二人をザイルに結んだ。救助されたことに二人は不安もなくなり、風がトレースを消してしまう難しい下りを、元気に下っていった。少しずつ、彼等はグランミュレまで下り、そこで一休みして、それからまた氷河を下って行った。

そのころ、二人のアルピニストが帰ってこないことが分かって、シャモニーから救助隊が出発していた。彼等は氷河の上で、ジャン・ピエールのパーティーと出会い、一緒にケーブルの駅へと歩いた。二人の兄弟は救われた。

少し経って、ガイド、カリエには感謝状とメダルが授与された。そこにはこう書かれていた。

《素晴らしい行為に対する褒章として、名誉のメダルを、皇帝の名において》

賞状は二人のアルピニストの救助に関するもので、《この賞状は、当該ガイドが示した勇気ある行為の名誉ある思い出として、家族および彼の社会に永続的にこのメダルを保持する権利を与える》としてあった。

当時、ガイド達は医学的教育を受けていなかった。彼等は自分たちの最善を尽くすだけで、負傷者にとって、その救助作業は永遠に続く苦痛の連続であった。一つの例が一九一一年八月二一日のモンブラン頂上でのピエール・カゾニの場合だ。彼はモンブラン頂上にあるジャンセン研究所で働いていて、雷に打たれた。翌日、やっとヴァロー観測所まで下ろされ、そこで二晩を過ごした。八月二四日、彼はソリに乗せられ、氷河を通ってシャモニーにたどり着いた。そして、翌日死んだ。彼の苦難の行軍は三日以上続いたことになる。現在では、天気が良ければ、三十分もあれば負傷者をヘリコプターで谷へ下ろすことができる。

昔は、岩壁や氷河を通っての長い下降中、救助される方も揺れや衝撃に耐えなければならなかった。父の話では《呻き声が聞こえない時は、怪我人がまだ生きているかどうか分からない。それで止まって、氷の欠けらを口の中に押し込む。口から湯気が出れば、すぐに出発したし、そうでなければ、救助する者は休息し、食事をとった》という。

この時代の遭難救助の話はたくさんある。少しずつ、登山が盛んになるにつれて、ガイドには救助の依頼が多くなり、しまいには、それが多すぎて自分のガイドとしての仕事をやる暇がなくなり、生活が立ち行かなくなることがあった。いくつかの遭難救助でそうした問題が起き、参加して負傷したガイドや死亡したガイドの家族に対して補償金を出すべきだという意見が強くなった。ガイド協会の救助予算だけでこれを確保することはできなかった。こうした状況の中で、一九五〇年一一月三日、インド航空の飛行機〝プリンセス・マラバール号〟がモンブランの頂上に墜落した。グランミュレから救助に向かったルネ・パイヨの死がガイドの困難な救助へのためらいを増大させた。ましてや、その時生存者を見つける可能性がなくなっていた状況だったので、なおさらだった。

問題の解決のためにモンブランでの救助活動は期間によってシャモニーの三つの組織に割り当てられた。八月一日から一五日まではＥＮＳＡ（国立スキー登山学校）、八月一五日から三〇日まではＥＭＨＭ（陸軍高山学校）、そして残りの期間はガイド組合で、さらにシーズン外の救助もガイド組合が負うことに決まった。また事故が大きい場合は組織間の協力を得ることも可能になった。

一九五六年一二月二四日、ヴァンサンドンとヘンリーが遭難した。二人はモンブランで冬の悪天候に見舞われ、標高四〇〇〇メートルのグラン・プラトーで動けなくなった。救助隊は彼等を下ろすことができなくて、彼等は九日間耐えた。その間に救助に向かった一機のヘリコプター、シコルスキーが二人のそばで墜落した。パイロットは脳震盪を起こしたが無事で、救助員のたいへんな努力の末、ヴァロー小屋まで上げられ、後に他のヘリコプターによって救出された。ヴァンサンドンとヘンリーはすでに凍傷がひどくて、救出はできなかった。

この事故を受けて、国は一九五八年から遭難救助に特化した小隊を作ることを決めた。この小隊は警察の所属でＰＳＨＭ（Le Peloton Specialise de Haute Montagne：高山専門隊）と呼ばれる。最初、彼等はガイドたちの救助活動にオブザーバーとして参加した。

子供の頃、救助活動に呼ばれて父が出かけてゆくのに立ち会ったことがある。また後には、ボソン氷河やクーベルクルへの道で負傷者やベルナール棹と呼ばれる前後を人が担ぐ丸太に吊られて揺れる遺体を運ぶ救助隊をみたこともある。ガイド見習いの免状をもらって、一九五八年私は最初の救助活動に参加した。けれどもその時には救助作業は大きく変化していた。天候が許す限りはガイドは事故の場所に一番近い岩壁の下か、小屋の付近にヘリコプターで運ばれる。救助隊の帰還も同様である。これは貴重な時間の短縮になり、特に負傷者にとっては何よりも有効で、また救助者の疲労を大きく軽減することになる。

何回か救助活動に参加すると、負傷者や死者を探しに行く作業と、大きな山行で客に山の魅力を発見させ、そして無事に連れ戻すために自分の肉体と精神を良い状態に保っておくというガイドの職業は両立しないことが分かった。山での遭難者たちは私の山への意欲を減退させるものだった。そうはいっても頼まれる度に、出動を断ることはできなかった。

グレポンで

グレポン針峰で救助活動をした。二人の若いアルピニストがそこで消息を絶ったのだ。天気は良かった。朝早く、ヘリは我々をナンティヨンのコルに降ろした。そこはブレチエール針峰とグレポン針峰の岩壁の間にある雪のコルで、ヘリコプター、アルエットのおかげで四時間の登行を稼いだことになる。私は同僚とＣＰルートを登っていった。二つの岩の間にはさまった不思議なブロックを通る美しいルートで、日陰の縦に走ったクラックを登ってゆく。そこはいつも寒かった。上まで登って、バルフールの窓に出れば向こう側が見える。

　そんなに時間をかけないで、我々は中ほどのテラスに一人のアルピニストを見つけた。近づいて、私は思わず後ずさりした。男は坐って、岩壁に寄りかかり、頭を岩に預けていた。彼はバラ色の花崗岩の上で眠っているように見えた。片足にしかアイゼンをつけていなかった。もう一つのアイゼンは直ぐ上のクラックの中に挟まっていた。吹雪の中を下降してきてここまでアイゼンをつけていたのだろう。しかし、片足がクラックに挟まって、それを外すのにエネルギーを使い果たしたに違いなかった。彼のためにしてやれることはもう何もないので、他のもう一人を探すことにした。それにしてもこの暖かい日差しの中にいるのだから、彼は完全に死んでいないかもしれないという考えが浮かんだ。けれども、そうしたところで運搬中に死が現れ、最終的には彼は死体置き場で終わるに違いなかった。不思議なことに、この若い男の死は、自分の不注意で起きた死という意味合いから、両親や先祖の自然の死よりも私を深く悲しませはしなかった。

　パートナーがシャモニーの谷を雲が埋めていると気づかせた。日中の熱で、それはこの高さへ上がってくるだろう。ということは、捜索にはもう多くの時間が残っていない。これが徒歩での捜索であったら大きな問題にはならないのだが、今日では全く別の意味を持っている。霧が上がってくれば、夕方ヘリは我々を回収しにこれなくなる。捜索の範囲を広げるにあたって、我々はこのことを時間の計算の中に入れた。機械の導入は考え方まで変えたのだ。氷河の斜面を下って、それからいくつものモレーンを横切って帰ることはもう我々の頭の中にはなかった。我々はこの新しい方法に頼り切っている。

岩壁を縦横に数時間探ってみたが何も見つからなかった。二〇〇メートル下のシャルモーとグレポンのクーロワールを雲が上ってきていた。それでコルの方へ引き返すことにした。雲の先端がコルの空気の流れに引き寄せられてくる。

コルまで下った時、雲はすでにナンティヨン氷河を覆っていた。その灰色の塊の上面はブレチエール針峰の切れ目から漏れてくる光に照らされていた。もうこれではヘリコプターは着地できないに違いない。長い退屈な下山の覚悟をした。その時ヘリの音が聞こえた。それはだんだん大きくなってくる。ヘリコプターは海上で波の上を掠めるように、雲の上を飛んで、我々の頭上にやってきた。そして雪の上に着地した。我々が乗り込むと、一瞬の機会を逃さずヘリは垂直に飛び上がり、すぐに反対側のメール・ド・グラス氷河へと下りていった。そちら側には雲がまったくなかった。

私はこうしたヘリコプターでの作業の間、いつも不安を感じていた。それは自然の罠から紙一重で逃れるという印象をもった。そしてヘリに乗っている間中、問題が生じても自分には何もすることができないという無力感に襲われていた。その無力感というのは危険に対して解決策を探す努力をすることが習慣になっている山の男にとっては耐えがたい新しい環境だった。

翌日、もっと大人数の救助隊が出動し、遺体を下ろし、もう一人を南東側の斜面で発見した。

一九六五年ドリューで

私は自分の村へ帰る道を歩いていた。天気は雨模様。シャモニーでは八月一五日を境に季節が変わる。その日、空は低く、灰色の雲が谷を埋めて一〇月の雨の日のようだった。拡がった雲が森の裾をぼやかしていた。しかし、山の高みは強い西風で雲が切れていた。冷たい湿気が身体を縮みこませて、私は地元の言い伝え《モン村に雲が来たら家へ帰れ》を実行した。

窓から外を見ていると、赤い車が竜巻のようにやって来て、中庭の小石を飛ばし、急ブレーキをかけた。扉が開いて、ジェラール・ドゥヴアスーが飛び込んできた。

「準備しろよ、ドリューの救助にいくぞ！」

私は彼がトランプ・ゲームをやりにきたのだと思っていた。だから、こう言った。

「この天気で出掛けるのかい？」

それから、考えなおした。こうした活動には天気は関係ない。ドリュー針峰の南西岩稜、ボナッティ稜に二人のユーゴスラヴィア人が救助を待っているというのだ。彼等は岩壁の上部、緑のスラブと呼ばれるピッチの終わりにある小さなテラスで動けなくなっている。彼等が負傷しているか、あるいはただ登攀と悪天候で疲れ切っているのかは分からない。けれども、とにかく六日前から救助を待っている。

この時期、救助活動は陸軍高山学校の担当だった。彼等は大人数とたくさんの装備を費やして活動したのだが、この二人のところまで達しなかった。それでけっきょく、ガイド組合に援助を依頼してきたのだった。組合ではすぐに四人のガイドが二組に分かれて準備をした。一組はマルセル・ブュルネとエドモン・マレスカのパーティー。もう一組はジェラール・ドゥヴアスーと私のパーティーだ。

せっかく快適な家の中にいたのに、私は大急ぎでまた出発の用意をした。何も忘れないようにザックを詰める。高山の難しい登攀に出かける時は精神的に用意をする時間が必要で、それなしに出発するのは好きではない。だから、何時間か後には垂直の岩壁にいて、全力で戦わねばならないと自分に無理やり覚悟させねばならなかった。それは肉体的にも精神的にもつらい登攀になるだろうし、うまくいくこともあれば、意欲が萎えてしまうこともある。

　この短い準備の間、私は考える。六日前から十人ほどのアルピニストがユーゴスラヴィア人のところへ登ろうと努力して駄目だったのに、いったい四人で何ができるというのだ。我々が軍隊を援助するといったって、これ以上何か別のいい方法があるのだろうか？

　ジェラールの調子は絶好調だ。彼はこのところ、いくつかの大きなルートを記録的なスピードで登っている。彼はその調子を利用したいと思っている。だから我々は大至急で何かやってやろうと考えていると言った。私も調子は良く、このところクラシックルートで難しさを感じたことはない。エドモン・マレスカは活動的なガイドで、ひじょうに頑強で、その耐久力は比べるものがない。小柄でがっしりした身体が疲れを知らないことは氷河歩行で証明された。マルセル・ブュルネはガイド組合を代表する人物だ。岩の中から掘り出されたような体格で、傷だらけの手をしている。角ばった顔は太陽に焼かれ、乾いて、赤銅色をしている。パイプがその顔から離れることはなく、消えるとすぐまた火をつける。その刺すような眼に見つめられると何かを探られているような気になるが、それは冗談やユーモアで一気に笑いに代わる。体力があり、登行は速く、そして耐久力がある。彼はつねに《前を行く》ガイドを体現しており、同僚への手本となっている。たぶん、夏のシーズン中、ガイドの仕事だけで生活している唯一の人間だろう。夏の終わり、その仕事がひじょうにきついので、彼は骨に皮が張り付いているだけと思わせるほどやせる。一度、他の救助で彼と一緒になったことがあるが、そうした活動の中で彼の存在は作業の成功を保証するようなものだった。彼は何ものにも代えがたい能力を発揮し、彼の目的は必ず谷に帰りつくことであった。

一六時。出かけるには十分に遅い時間で、私は山小屋で寝るのだろうと思っていた。マルセルは山では決してビバークをしなかったし、理由は不明だがそれをやりたがらなかった。ヘリコプターの最初の便に乗る準備をした時、エドモンは言った「よし、ドリュに直接取り付くぞ。そしてノンストップでとばすんだ」

それを聞いて、今日の登攀は楽でないことを覚悟した。ヘリコプターは戻ってくると、次に我々をシェルプアの小屋へ運んだ。十分後、ヘリはソリの片方でバランスをとり、我々を小屋の上の雪のアレートに降ろした。

マルセルとエドモンはもうすでに出発していた。彼等はドリュの最初の岩場へ氷河をトラバースしているところだった。我々もすぐにザイルを結び、彼等に追いつくために踏み跡を辿った。岩場に着くと、スピードを上げるためにザイルを外した。そして、火の出るような勢いで何時間も登攀を続けた。

このスプリント競走の中では、身体中のあらゆる力を振り絞らなければならなかった。肉体はエネルギー回復のために休むことを要求する。そんな時、《何日も救助のための時間が費やされた後で、なぜ今さら我々がこんなに急がなければならないのだ》と自問した。けれども、遭難者を助けたいという意欲が肉体を動かし続けた。それにまた、他の者が失敗したことを、うまくやってのけたいという気持ちもあったのだろう。我々のスピードが落ちることはなかった。プティ・ドリュ針峰のノーマルルートは軍隊によって、ヒマラヤ遠征のようにフィックス・ロープが張られていた。この易しい岩場で、それはやりすぎのように思われたが、毛すき機の歯についた毛の塊のように雪が張り付いた岩場を急いで登って行くには役に立った。

我々はあっという間にフラム・ド・ピエール岩稜の肩にある切れ目に飛び出した。そこからは反対側のナンブラン氷河が見える。右手の方は大騒ぎになっていた。すべての利用可能なテラスはテントと装備で占められていて、本当のアタック・ベースになっていた。近くを通った時、それはまるで大攻撃の準備をしているように見えた。けれども、今のところそれは最初の障壁のところで止まっていて、誰もこの本拠地から動いていなかった。時間が遅いので、ほとんどの攻撃人員は双眼鏡で徐々に影を増してくる上部岩壁を見つめるだけで、テントのまわりをうろうろしていた。

我々が急いでキャンプの脇を通り抜ける時、隊長がこう言った。

「あなた方が来てくれて嬉しいですよ。後でここへ寝に戻ってくる前に、少し登るつもりですか？」

答える暇もなく、我々は先を続けた。少し上で、下りてくる偵察隊のザイルパーティーと行き会った。そうして、小さな垂壁の下でマルセルとエドモンに追いついた。彼等は「なんだ、お前ら若いもんは途中で寝てたのか？」と言って我々を馬鹿にした。

先行の二人は理由もなく我々を待っていたわけではなかった。時間をかせぐために、身体を梯子にして垂壁を越えるためだった。我々に一息つかせる時間も与えずに、マルセルが身体を梯子代わりにして、我々は一人ずつその肩に乗り、さらにマルセルが足を支えてくれて、この垂壁を越えた。これは古くからよく使われていた方法で、シャモニーの花崗岩では今でも有効な手段だ。それから我々はザイルを固定し、マルセルはそれを使って上がってきて、それからは止まることなく登攀を続けた。

夜の暗さがホールドを見えなくしはじめていた。眼の前の岩は灰色になり、凹凸がなくなってきた。クライミングは眼でというよりも、手探りで行われるようになった。

ウェベール・トラバースまで登って、我々はこれを使って直接ボナッティ稜にとりつくつもりだ。これはボナッティ稜からのエスケープルートとして、モテとウェベールのパーティーによって発見され、それでプティ・ドリュのノーマルルートに逃げることができる。

トラバースを始める少し前、我々はＥＭＨＭ（陸軍高山学校）の先鋭パーティーがテラスで動かずにいるのに出会った。彼等はそこで我々に出会ったことに驚いていた。彼等のような優秀なクライマーたちが、この数日間で救助できなかったのは理解に苦しむところだった。もちろん、本当の理由は分からないのだが、彼等は下部のルート工作を熱心にやり過ぎたために早くも疲れ切ってしまったのか、あるいは彼等みんなの中にリスクを負うモチベーションが欠けていたのかもしれない。

ここから見た限りではトラバースは気おくれさせるものだった。薄暗がりの中で、オーバーハングはさらに大きく見えた。そして、その下には五〇〇メートルの空間が落ち込んでいる。我々はヘッドランプを点けた。濡れたホールドはより慎重さを要求した。夜はすでにメール・ド・グラスの谷を埋めていた。下のキャンプでは灯りが一つずつ増えて、揺らめいた。

トラバースは慎重に行われた。その端で懸垂を設置し、すぐにそれで下りていった。それから、またいくつかの岩棚とスラブを越えて、ボナッティ稜の縁のスラブのピッチの下に着いた。我々は二人のアルピニストから六〇メートル下にいた。叫んでみたが、答えは帰ってこなかった。そこから、彼等のところまではもう難しい部分はなかった。

時間を無駄にしないために、我々は二つのパーティーに分かれた。一つのパーティーは懸垂で降りた場所に登り返すためにルート工作をしておくのだ。そこは人工登攀の苦しい登攀を強いられる。その間にマルセルとジェラールは二ピッチ、彼等のところまで登っていく。エドモンと私はフィックス・ザイルを張る仕事にかかった。そして、ウェベールのピッチまで垂直のクラックにアブミを取り付けた。

我々の二人の同僚は時間をかけずに、二人のユーゴスラヴィア人のところに着いた。二人の遭難者はまさか夜の中から救助者が現れるとは思っていなかった。彼等はもう一晩のビバークを覚悟して、その体勢に入っていた。そしたら、突然、二人のガイドがビバークサイトに現れたわけだった。彼等はそれを見て、元気を取り戻し、二人の救助者の方へ進み、眼に涙を浮かべて握手をした。

マルセルはすぐに懸垂用のザイルを夜に向かって投げた。ジェラールは彼等に食べ物や飲み物を与え、彼等が負傷していないのを確認して、すぐに出発するということを分からせた。そして、最大限の手助けをしながら、彼等の救出を始めた。細いバンドで待機していた私の前に上からしっかり確保された最初の救出者が現れた。彼は私の顔を見ると、何度も「ありがとう」とつぶやきながら私の手を握った。それは私にとって素晴らしい一瞬だった。私がこのクライマーを救うことに貢献した証拠だった。

我々はすぐに彼をサポートしながら北壁へのトラバースルートへ登るクラックへ連れていった。八日間を壁の中で過ごして、しかもそのうち三日間は何も食べていないというのに彼の元気さには驚いた。救助されることが確実になったことが彼に活力を与えたのだった。二番目のアルピニストも二人のガイドに従ってやって来た。彼もまた、ありがとうを連発した。もし、彼等がウェベールのエスケープルートを知っていたら、おそらく自力で脱出できただろう。

数分後、上からはエドモンに引っ張られ、下からは我々三人が押して、二人はトラバースの岩棚に登り着いた。トラバースは我々のヘッドランプの光が躍る中で問題なく行われた。それから何回もの懸垂下降も完全に組織化され、最大限の安全確保の中でスムーズにいった。

二三時、我々全員は軍のキャンプ地にたどり着いた。ヘリで降ろされてから、行って帰ってくるまでに七時間しかかからなかったことになる。

人々が我々のまわりに駆けつけてきた。そして、夜中の期待していなかったこの意外な到着に驚いていた。そこにいたインストラクター格のガイドが我々に言った、「もう下りてきたの！　いったいどうやって？　今夜はあの上でビバークするに違いないと思っていたんだよ。本当に君たちは我々の窮状を救ってくれたよ！　それで、ここに泊まっていくんだろ？」

マルセルがすぐに答えた。「いや、あの二人を置いてゆく。彼等は食べて、力をつけなきゃいけないから。我々はシャルプアの小屋まで下りるよ！」

長くは休まず、彼はフラム・ド・ピエールの窓へ向かった。我々は彼の後ろにぴったりとくっついて、フィックス・ロープを握りしめ、夜の中を氷河へと下っていった。

私にとってはそれで夜が終わるわけではなかった。ランプもなく、フィックス・ロープに従って下っている最中、垂壁で私がロープにぶら下がると、それは突然外れた。私は暗い空間に投げ出された。頭の中でいろいろな考えがものすごい勢いでぐるぐると回った。死の恐怖、運命、怒り、そしてまたこの墜落を止めるためにどこかにしがみつく希望。それらは、突然に墜落が止まって、消えた。声が出なかった。あえぎながら、それでもなんとか考えをまとめようとした。すぐ横にマルセルがいた。「お前、何してんだ?」と言う。彼の不平がましい声で私はわれに返った。彼は眼の前に下がったフィックス・ロープの切れ端を見て、すぐに状況を理解した。私はほんの数メートル垂直に落ちて、彼のすぐ横の軟らかい雪の山に腰まで埋まって着陸したのだった。マルセルはそのロープを張った者にたいして、ドジ、マヌケ、ドシロウトなどと毒舌の限りをつくした。

私はといえば、この動けないでいる数秒間を素晴らしく嬉しい気持ちで受け入れた。その間にジェラールは登り返して、ロープの設置場所を見て、今度は彼が考え着く限りの悪態をついた。

我々は夜中の下降を続けた。しかし、もうフィックス・ロープを先入観なしに信用することはなかった。ロープを掴むたびにそれを引っ張って確認し、できるだけ岩のホールドやスタンスを探って、全体重をロープに掛けないようにした。

氷河に着くと、雪はまだ腐っていて、靴を滑らせた。夜の寒気もまだ雪を凍らせていなかった。それで、急な氷河を横切るのは疲れもあって、しんどい作業で、まるで進んでいる感じがしなかった。最後に、左岸にたどり着き、それから、もっと硬くなっている雪の上を小屋まで滑り下った。

一時だった。我々は少し食べ、そしてベットに潜り込んだ。

マルセルの声が遠くで聞こえた。「起きろ!　五時だぞ!」

それで目を覚ました。風が間をおいて小屋の壁をゆらしていた。踊り場に出てみると、突風が壁に打ち付けていて、雹も混じっていた。悪天候が帰ってきたのだ。昨夜、あの二人のアルピニストを罠から救い出せたのは幸運だった。

八時、空に一瞬の切れ目があった。それを利用してヘリが我々を迎えにきて、谷に降ろしてくれた。新聞は我々の行動が軽はずみだったと、書いた。新聞記者たちは救出が早すぎたのでがっかりしたのだろう。人々の興味を掻き立てるためには、我々はもっとビバークを重ねなければいけなかったのだろう。

少し経って、フランス政府はユーゴスラヴィア政府に救助作業で掛った消耗品代を請求した。返事は、あちらの国では救助は無料なので、今回も支払わないというものだった。

私はマルセルを思い出す。彼の強固な意志が我々のザイルパーティーをこの敏捷な救助に結び付けた。彼は全く無敵に見えた。彼とやったたくさんの山行で、私は彼がすべての物事を偶然まかせにしないと感じた。一つ一つの物事を彼は一目で分析して適確な判断を下すのだ。その判断は彼自身の山での長い経験と、時を経て口伝えに伝えられた先輩たちの経験の上に根差したものであった。彼にはつねに生き残るための知恵が宿っていた。その絶え間ない注意と巧妙さが、他のザイルパーティーにとっては危険となるものを、自然に、あるいは人為的に切り抜けてくるのだった。

一九七五年三月二〇日、シャモニーからツェルマットへのスキー山行の途中、雪崩によって彼が死んだのを聞いた時、それは私にとって衝撃で、苦痛を伴う大きな失望だった。彼が職業上の行動の中で事故を起こすことなどというのは、私には考えられないことだった。彼は雪の持つ危険については良く知っており、慎重だった。彼の死は山に対しての私の姿勢をさらに謙虚なものにした。

彼の事故の翌々日、私はディクサンスのダムの上、事故の場所へ行ってみた。雪崩の跡がまだ残っていた。風で固められた板状の雪が小さな斜面を流れただけのなんでもない場所だった。この日、彼は自分の運命と会う約束があったのだろう。彼が石灰岩でのクライミングに私に一緒に行ってくれと頼んだ日のことを思い出す。彼は石灰岩を登ったことがなくて、慣れていなかった。レショーの岩壁の核心部で、私は彼にトップを譲ろうとした。彼はそれを断った。

また、他の日、私はヴェルト針峰のクーチュリエ・クーロワールをアンヌ・ソーヴィーとジモーヌ・バディエという二人のお客と登っていた。マルセルは彼のお客の一人と我々より先を登っていた。下山にかかると、ウインパー・クーロワールは良いコンディションではなかった。すると彼は、黙ってつねに我々のザイルパーティーのすぐ下にいてくれて、規則的に左岸の岩壁で私がビレーをとれるところを教えてくれた。その心遣いを私は決して忘れないだろう。

またしてもドリューで

去年の夏のような綱渡りをまたやることになった。

この何日間か吹いていた北からの強い風は突然、その性格を変えた。そして嵐と雪雲を山塊の頂きに運んできた。ほとんどのクライマーは谷に下りた。しかし例外があった。

新聞もテレビも、ラジオもその事故でもちきりだった。

一九六六年八月、二人のアルピニストがまたしてもドリューで動けなくなったのだ。それはドイツ人のハインツ・ラミッシュとヘルマン・シュリーデルの二人で、彼等はプティ・ドリュの難しい西壁を七〇〇メートル登ったところで幅一メートル、長さ二メートルの小さなテラスに四日前から閉じ込められていた。

救助活動は陸軍高山学校が担当しており、彼等はまだ二人のクライマーのところまで達していなかった。彼等はドリュ針峰のノーマルルートでルート工作をしており、計画としては一度頂上に達し、そこから懸垂で北壁を下り、西壁にトラバースして二人のところまで行くというものだった。これは私にも理解できない方法だった。一度登ってから下り、帰路も同じように遭難者をかかえてもう一度頂上へ登り返し、それからやっと下降に入るという。ドリュ針峰のように尖った頂きでは嵐や雷が頻繁におきる。だから決して良い作戦とは言えないだろう。それはまた救助者にとっても危険が増大する。実際、救助隊は頂上には達したのだが、北壁の上部の凍ったオーバーハングに阻まれて、ちっとも進んでいない。

八月十八日（木曜）。夕方、ガイド組合で仕事割ミーティングの後、仲間うちでは議論が沸騰した。話題の中心はもちろん、救助活動が長引いていることだった。この時期の救助活動の担当は陸軍高山学校だったので、ガイド組合の責任者としては、そこからの依頼がない限り、この活動に参加することは問題外だった。救助組織間の取り決めで他人の職場を荒らすことになるからだった。それに、仕事を休んでまで救助に行こうという考えはどのガイドの頭にも浮かばなかった。

それにしても、みんなは昨年のボナッティ稜の例があるのだから、軍の連中が早く解決してくれればいいと、そしてそれは単に時間の問題に違いないと思っていた。

《陸軍高山学校の救助活動はひじょうに難航している》と地元の新聞は書いた。けれども、軍のほうからはガイド組合にも国立スキー登山学校にも救援の依頼はきていなかった。それにもかかわらず、その日のうちに軍はアメリカ人のクライマー、ゲーリー・ヘミングがパートナーのイギリス人、マイク・バークと共に西壁から登るという提案を受け入れた。マイク・バークはすでにこの壁を登っており、しかも負傷者と共に下降したという経験を持っていた。さらに軍は彼等に食料、無線機、そして天候が許せばヘリの使用許可までを与えていた。陸軍高山学校との合流は二人の遭難者の場所で行われ、その救出は一体となって活動することが決められた。これは回り始めた歯車の一つだった。事件があまりにも大きく報道されたために、たくさんのアルピニストの興味を引き付け、中にはそれを個人の宣伝のいい機会だととらえているものもいた。それで、さらに四人のクライマーがヘミングと一緒になり、モンタンベールのホテルで夜を過ごすために出かけていった。

ゲーリー・ヘミングはその連中のなかでは最もよく知られており、気取りのない、一種のヒッピーのような魅力的な人物だ。彼は山に対して特異な考えを持っていて、それは私のとは違う意見であったが、彼にとってはクライミングはその度に〝完全なる肉体的経験であって、そこには絶対的な挑戦が必要となり、自分の命を掛けてもいいのだ〟

けれども今回、彼は最後にその山行の目的を変えた。そして、「もし救出に成功したら、あの二人の命は私にとって風の吹く山の頂よりも貴重なものとなる」と言った。

出発の時、一人の記者が写真を撮るためにカメラを持っていってくれ、と頼むと、「ボクはそれより砂糖を一キロ余計に持って行くよ」と答えた。

誰よりもこの西壁を良く知っているルネ・デメゾンはその日、ヘミングのパーティーが出発したことを知った。《依頼がなければ組合は決して手を出さない》ことを知っている彼は、組合に問い合わせることもなく、自分のザイルパートナーを連れてヘミングの後を追った。これは山行は必ず届けなければならないという組合の規則を破ったことになる。

八月十九日（金曜日）。荷物をたくさん背負ったヘミングのパーティーは昼間、ゆっくりとクーロワールの入口へモレーンを登っていった。雪が降りだした。彼等は岩壁の難しいピッチの下にある広いテラスにビバークサイトを作った。

翌日、デメゾンのパーティーが彼等に追いついた。それ以降、七人のクライマーがゲーリー・ヘミングの後に続くことになった。それで、彼等はパーティーを二つに分けることにし、一隊は荷を軽くして先頭に立ち、次の一隊が荷を担ぎあげることにした。

八月二十日（土曜日）。この日、ヘミングたちは二人のドイツ人のところまで登れると思われたが、結果はそこまでは行けなかった。彼等は岩の詰まったチムニーでビバークをすることになる。遭難者たちが負傷しているのではないかということが心配された。彼等は七日間も動けずに待っているのだ。メディアは彼等に同情するものと、自分たちの技術や精神力以上の登攀を企てたために救助者たちを危険にさらしている、と非難するものに分かれていた。

昼頃、軍に雇われている民間の山岳インストラクターからの強い要望で、陸軍高山学校の指揮官は他の二つの組織、国立スキー登山学校とガイド組合に援助を依頼した。国立スキー登山学校はすぐにガイドのイヴ・ポレ＝ヴィラールとイヴォン・マジノを派遣した。ガイド組合はジェラール・ドゥヴアスーと私を指名した。もちろん全員が、午後ドリューに向かって出発することを承諾した。

私はこのメンバーとは気が合って、信頼をしていた。ジェラールとイヴォンと私は同じ年で、我々は一緒にいくつもの難しい登攀をやった。イヴは、国立スキー登山学校での講習で知った。彼は人付き合いが良くて、慎重で経験豊富だった。

どのルートから登るかが話された。全員一致で、すぐに我々が良く知っている北壁からということになった。山のこちら側は現在決して良いコンディションではなかったが、壁に雪や薄氷がついていたとしても、これが一番早いルートだろうと判断した。

私は急いで出発の用意をした。母の手編みのセーターを入れるのを忘れなかった。山の中に何日居ることになるかは誰にも分からなかった。そして、その準備の短い間に、出かける覚悟を決めるのだが、それはいつも難しい作業だった。

ザックは用意できた。私は妻に出かける抱擁をした。彼女にはまたしても心配をかけることになる。それから、急いでジェラールのところへ行った。彼は部屋中一杯に広げたがらくたの中を泳いでいた。急ぐ様子もなく、ザックに詰める前に一つ一つのものを量り、比較し、必要かどうかを判断した。

「重いザックは嫌いだ」と彼は言う。七〇メートルと六〇メートルのザイル、ハーケン一五本、ユマール二台、そして食料。いつものように彼の装備が整うのはヘリの出発の一分前だ。その間に我々は今回の救助について話し合った。状況は二人にとってもよく分からなかった。西壁のパーティーに対抗するのが我々の目的のように思われた。なぜ、我々に連絡してくるのがこんなに遅れたのだろうか。軍はまるで正規の救助隊よりも単なる義勇軍の方を選んだようだ。それも、他のパーティーはすでに二日も前に出発しているのに、いまさら我々にできることが何かあるのだろうか。我々にとっての唯一の動機は、ヘミングのパーティーが救出に失敗した時、我々が役に立つかもしれない、ということだった。

一五時、イヴォンとイヴがプラのヘリポートから出発した。北壁の下のロニョンに運んでもらうのだ。一五分後、我々も彼等と一緒になった。ほんの一瞬で、我々は谷の生ぬるく湿気の多い空気から高所の冷たい風の中に放り出された。凍るような雨が降っていて、それは半分が氷になって我々のフードの上を転げ落ちた。暗い雲が、濡れて黒い垂直の岩壁にしがみついている。我々のまわりでは小さな滝となった水の音がしている。ドリュ―の上部は動き回る雲の中に消えている。また別の雲がものすごい速さでフラム・ド・ピエール岩稜から頂上へ向かって流れていた。救助という目的だけがこの条件の中での登攀の原動力となっている。

ジェラールは最小限の荷物でザイルのトップに立ち、我々がビバーク用具と救助機材を背負って後に続く。ルートの下部では、踏むと靴の下で水になる湿った雪の中を登っていった。斜面が急になると、大きな雪の塊がナンブラン氷河の方へ滑り落ちて、後に黒い岩肌を露出させた。それで、我々はビレーができるように、またしっかりした雪を選べるように、できるだけ壁に沿って岩のそばを登っていった。さらに登ると、硬い氷が出てきて、仕方なく不安定な格好でアイゼンをつけなければならなかった。天気が悪く、雰囲気は最悪だった。雪が降りだした。岩に張り付いたベルグラのせいで、それからのピッチはますます難しくなった。雪で階段のようになっている岩棚を通り、それから垂直な岩場に向かう急で凍った斜面をトラバースした。

突然、空気を切り裂く音が聞こえ、我々は身体を縮めて岩にしがみつく。落石が頭の上を飛んでいった。重すぎるザックが身体をのけぞらせる。このルートの特徴的な場所、ル・ラトー・ドゥ・シェーブルの下で、私のアイゼンの前爪が岩の隙間に挟まって、外すのに苦労した。高度を上げるに従って、湿った吹雪は雨になった。それは硬い氷を岩に張り付けた。夜が下りてきて、山はますます悲し気な雰囲気になった。ジェラールが暗闇の中をテラスに向かう幅の広いチムニー状のクラックを登っていく。身体を半分岩の間に差し込んだ格好でもがいている。途中で上のニッシュ（寝所）と呼ばれる場所から落ちる雹のヴェールに邪魔されて動けない。彼は何か叫ぶが、まわりに落ちる氷の粒の音がうるさくて聞こえない。夜の闇が物の影をぼんやりとさせ、彼がやっとテラスに着く姿はひどく遠くに見えた。

ザイルがピンと張られ、私が登る番になったが、ほとんど何も見えない。左足をクラックの中に入れた。ザックが最初から邪魔になった。外して下にぶら下げたほうがいいのかもしれない。それも簡単ではない、このままいくことにする。しばらくそうやってもがいたが、けっきょくまったく進めていない。山靴はつるつるした両側の岩壁に引っかかりを探すのだが、その度に滑って空を切る。しかもザックは邪魔になるばかりで、重みを増し、窒息しそうになる。上からライトでも照らしてくれれば助かるのだが、と思っていると、察したのかジェラールからの光の帯が下りてきた。けれども光は私の周囲を一時照らしただけで消えてしまった。雹の一団が流れてきて身体と岩壁の間に溜まった。それを落とすために苦労して身体の向きを変える。雹の山は両足の間を通って暗い空間に落ちていった。私は仲間とザイルで結ばれていなかったので、なにかすべてのものから遠く一人でいるような感じに襲われた。

少し休み、気を取り直してそれでも一センチ、一センチとチムニーの中で高さを稼いでいった。普通ならここは問題となるような難しさなどないのに、この時はひどく苦労した。出口の前でもう一度雹の塊の攻撃を受けたがなんとか登り切り、ジェラールの靴を掴んだ。イヴォンとイヴはヘッドランプを点けた。彼等もたくさんの荷物を背負っていたので、我々が引っ張り上げるのに手を貸した。けっきょく、そのテラスでビバークすることになった。

テラスから雪を取り除き、ビバークテントを設置した。四人で入るとそれはとても狭かった。それでもしばらくすると、水の流れる音を聞きながら我々は眠りに落ちた。ここはもうすでにかなりの高さだ。明日はドイツ人たちのいる所まで登り着けるはずだ。

八月二十一日（日曜）。五時。起きて、夜の間に固まった四肢を動かして痛みを取る。眠れなかった一夜。ビバークテントを開けて冷たい空気を吸い込む。熱い紅茶とコーヒーが出かける元気を与えてくれる。薄い雲が空を被っている。白い朝はまわりを凹凸のない同じ景色にしてしまう。風と雪が岩壁に白く大きい蜂の巣のような造形を作り上げていた。

一時間後、全員繋がって一つのザイルパーティーとなり、出発する。ジェラールは我々に荷を預けてさらに軽くなってトップを登っていく。我々が夜を過ごした岩棚の端からランベール・クラックが立ち上がっている。そこは急で雪が着かない。けれども、中を流れた水が透明な氷の膜を張っている。ジェラールは最初の数メートル、縁を登り、それから中心に入った。このピッチはひじょうに難しく、彼もほんの少しずつしか進めない。そして、絶え間なく氷の欠けらを落とし、それは我々に降りかかった。

気をつけろ！　その声にイヴォンはザイルを握りしめる。ピッケルが頭上を掠めて、跳ねながら落ちていった。

「大丈夫か、ジェラール？」

「大丈夫、ピッケルを一本くれ！」

ザイルに結んで、我々の貴重な武器を上に上げる。それから、まだ何十分か彼の姿を見ることはできなかった。突然、「着いた」という声が聞こえる。

自分の番で私が登る。何メートルかはクラックの端に剥離した鱗岩に沿って簡単に登れる。クライミングをすることで身体が暖まってくる。それから上は一種のチムニーになっていて、最後は氷の張った洞穴になる。そこまで登ると、ザックが重いので極度に難しくなる。その小さな洞穴は硬い氷で被われて、水晶のある穴のように見えた。アイゼンの引っ掻き傷がジェラールの苦戦を物語っていた。ピッケルを落としたのもここだったのだ。私は一瞬、氷があまりにも硬くて、ここに立てないのではないかと思った。ザイルは緩んでいるし、疲れもあって、どこか掴まるところを探した。しかし、岩はどこも氷の鎧をまとっていた。さいわい、氷の中にハーケンがあるのを見つけた。ベルトからカラビナを取り、それでハーケンを掘り出した。やっとビレーをとって一瞬休める。

最後に全力を振り絞って、その凹みに立った。そして、ジェラールのところに辿り着いた。続く長いランペは難しくなかったが、氷は下が空洞になっていて、そっと通り過ぎなければならなかった。ドリューのニッシュの下をトラバースした。まるで巨人が親指で岩壁に凹みをつくったような場所だ。下の部分は雹が溜まっていて、落石からは無傷だった。谷から見たのでは、その場所の大きさは想像できない。そこは岩棚、凹状、テラス、チムニーなどで構成された一つの世界だ。

一一時半、我々は北壁とプティ・ドリュの西壁を結ぶテラスに到着した。すぐに、西壁の見える端まで行った。すると、ちょうど我々の正面のテラスに二人のドイツ人がいるのが見えた。我々は手で合図を交わした。彼等は負傷しているようには見えなかった。そしてまた、下から九〇メートルのジェードルの上部を登ってくる人影が見えた。我々は彼に向かって叫んだ。

「すごい、もうそこに居るのかい?」と言う声が返ってきた。ヘミングだった。彼は我々の出発を無線で知っていたのだ。

少し経つと、ゲーリー・ヘミングは二人の遭難者のいるテラスへの振り子トラバースの場所に登り着いた。彼が我々より早く二人のところへ着くのは疑いのないことだった。彼等のいるのは我々のテラスから直線で二〇メートルで、その間にオーバーハングがある。それを越えるにはたいした機材を必要とするわけではなかったが、それでもそれは一つの障害だった。

我々は機材をまとめた。いずれにせよ、今、このトラバースをする必要はないだろう。

突然、我々の頭上、ドリューの頂上の下に人影が動くのに気が付いた。何か叫んでいるようだが、岩にこだまして、さらに風に遮られてよく分からない。少し後で、ザイルが一本我々のところへ落ちてきた。その端はちょうど我々のところから一ピッチ上で、風でクルクルと回っている。それから一人の男がグループから離れて懸垂で我々の方に向かって下りてきた。彼の姿は灰色の背景の中に見えたり隠れたりしていた。

西壁では作業は進んでいた。ヘミングはハインツ・ラミッシュとヘルマン・シュリーデルのところへ行くために何年も前からそこに固定されている振り子トラバース用のザイルを掴んだ。二人のドイツ人は自分たちでこれを使って戻ろうとはしなかったのだ。ヘミングにギヨが続いた。ルネ・デメゾンもヘミングのザイルに確保されながらトラバースを始めた。途中まで来ると、彼は立ち止まった。「ザイルを張っててくれ！」という彼の声が聞こえた。

そうして、彼は、「笑って！」と言いながらテラスの四人、ヘミング、ギヨ、そして二名のドイツ人の写真を何枚か撮った。この写真は後に《パリ・マッチ誌》の表紙を飾ることになる。二人の遭難者も愛想良くこの写真撮影に応じていた。彼等はこれで助かったと思ったのだ。

何故か、この笑いは私に不愉快を感じさせた。このすべての救助活動は、疲れと寒さに震えながら待っていたに違いない遭難者を助けるために色々な人が生命の危険を冒して行われてきたものだからだ。デメゾンがテラスに上がった。虚空に張り出した我々の止まり木から、私は彼に遭難者への食糧が必要か尋ねた。答えはイエスだった。

細いロープを使って私は食料を送った。その作業をやったおかげで我々と彼等の間の距離はそんなに離れていないことが分かった。そうこうしている間に、北壁を降りてくる人はゆっくりと我々の頭上に近づいてきた。けれどもその速度が遅いので、ザイル操作に何か問題があるように思われた。そのうち、彼は岩の出っ張りの陰に隠れて見えなくなった。

それから、突然彼は我々の頭上に現れた。そして、空中で止まった。ザイルが尖った岩に巻き付いてしまったのだ。かなり無理な体勢で彼はザイルをほどこうと努力した。我々は彼を助けることができずに、それを見ていた。その人はドリューの高所に長く居てすでに疲れていたに違いない。それでも下降を不可能にしているザイルをほどこうと力を振り絞った。

苦闘は何分も続いた。それはまるで終わりがないように思えた。彼のいる場所はクラシックルートからは外れていて、ベルグラの張ったオーバーハングにさえぎられて、我々はその時彼に救いの手を差し伸べることができなかった。ジェラールが決心して、必要な機材を持って彼の方へ向かった。それで今度は、確保されていないその人が懸垂ザイルを滑ってジェラールの上に落ちるのではないかと心配になった。我々は無線で、壁の下にいるに違いないパーティーに救援を頼んだ。

懸垂ザイルにぶら下がっているアルピニストの動きは次第に力をなくし、絶望的になってきた。彼は苦しそうに喘ぎ、ドイツ語で弱々しく何か言った。それから、突然最後の力を振り絞って、一度、二度、三度、ザイルを登ろうとした。けれどその度に垂直の壁は彼を虚空へと跳ね返した。最後の手段として彼は眼の前の岩壁にしがみつこうとした。そして、落ち、完全に動かなくなった。両腕がだらんと垂れた。

我々は声もなく、お互いを見合った。誰かが沈黙を破った。

「完全に力尽きたぜ、早くあそこまで行ってやらなくちゃ！」

ジェラールがさらに進んで、そのクライマーの足の下数メートルまで行った。けれど、私にはすべてが終わったように見えた。それで、大きな声で「彼は死んだ」と言った。

イヴが反対した。

「馬鹿を言え、こんなにすぐに、はないだろう」

ジェラールはさらに一メートル登った。そしてハーケンを打ち、それにアブミをかけた。男に手をかけ、動かそうとしてみた。それから我々の方を向いて言った。

「手遅れだ。死んでる」

このようにあっけない結末に立ち会って、それは我々に大きなショックを与えた。

ヴォルガング・エッグルというのが彼の名前だが、彼は遭難した二人のアルピニストの友人だった。彼は最後の瞬間まで彼等を助けようとした。それは無益な死だった。我々にはその遺体を取り外す勇気がなかった。彼はその最後の闘いの中で、自分の前にあったハーケンにカラビナで自分を固定した。彼は山と一体となったのだった。

我々はヘミングに今起きたことを伝えた。ヘミングたちは下降を準備していた。我々は全員で北壁から下降することを提案した。こちら側からの方が下降が早く終わると判断したからだ。我々のいる場所までトラバースするにはフィックス・ロープを張るだけで十分で、それは両側からやれば簡単なことだった。それが簡単なことは食料の受け渡しをしたことで誰でも分かっていたはずだ。埋込ボルトで作られたこのトラバースはその発見者の名を取って、レイネ・トラバースとして知られている。

我々の提案はただ単に疲れ切った二人の遭難者のことを考えて、貴重な時間をかせぐためのものだった。

イヴ・ポレ＝ヴィラールは国立スキー登山学校の校長のジャン・フランコと無線連絡をしていたが、その時、事の次第を説明した。フランコはそこで下降の指揮をとっていると思われるデメゾンに対して、彼の指示に従って遭難者を北壁に送るようにと言った。デメゾンはそれを拒否する。

「オレは国立スキー登山学校に属しているわけじゃない。命令を受ける筋合いはないんだ」

こうした状況は我々をひじょうに困らせた。頭上のドイツ人の死は我々を興奮させてもいた。普通は状況が難しければ生存しているアルピニストの間では問題は早急に解決される。しかし、今日、ここではそうではなかった。谷と繋がっている無線がある。それぞれが別の思惑を持っている。そしてある者たちの欠点が事態を別の方向に導く。言い争いに嫌気のさしたジェラールがデメゾンに叫ぶ。

「お前が西壁から降ろすと言うなら、勝手にしろ！」

我々にとっては混乱はもうすでに長すぎたと感じていた。我々は用具をまとめた。大事なことは遭難者が無事で救出されることだ。それ以外は二次的なことなのだ。

出発する時、私は物事をやり終えていない気持ちを拭い去ることができなかったし、とても疎外された感じがしていた。我々の努力、危険に立ち向かったことは何の役にも立たなかったのだ。さらに悪いことには、我々があのテラスにいたことが、不幸に終わったエッグルの下降を動機付けたのではないか、という考えが一瞬私の頭をよぎった。

一四時一五分、我々はテラスを離れた。下降は問題なく行われた。

ランベール・クラックの上で両腕を拡げてそれにザイルを巻いて下るスイス式懸垂をやっている時、突然ザイルが引かれて私はバランスを失いそうになった。

「誰だ、ザイルを引くやつは?」と叫んだ。

ザイルはすぐに緩んだ。下まで降りてザイルの端に達すると、現場を押さえられて恥ずかしそうに笑っているマルセル・ビュルネがいた。彼は垂れ下がったザイルがしっかり固定されているか確かめようとしたのだった。そこにはアンドレ・シモンもいた。彼等は我々を迎えに来てくれていた。


一六時三〇分、我々は全員岩壁の基部に集結した。遭難者と一緒だったとしても、二時間か三時間余計に掛かるだけだろう。そうすれば、その日中に彼等をシャモニーに降ろすことができたことになる。


ヘミングの一隊が岩壁の基部に着いたのは翌日の昼頃だった。彼等は吹雪と雷を伴う猛烈な嵐に出くわし、チョックストーンのところでもう一晩ビバークを余儀なくされたのだった。

それから何日かして、ジェラールとイヴォンがこの忘れようもない遭難事故の唯一の被害者となったエグレの遺体のところまで登った。


デメゾンは西壁からの下降の正当性を主張した。その件に関してガイド組合は会議を招集した。ドリューでの救助活動について、一九六六年八月二四日、役員会は彼の行動について三つのことを指摘した。

一　八月一九日、金曜日、彼はその出動の許可を取らず、報告もせずに出発した。

二　彼は自己宣伝と金銭的報酬のために出動した（テレビおよび週刊誌と取材の約束があった）。これは組合の原則と相反するものである。

三　彼はこの救助活動の責任者であるジャン・フランコの指示で遭難者を北壁から降ろすことを拒絶し、シャモニーのガイド達との協力を拒んだ。すべての専門家の意見としては、ルート工作された北壁を使うことが最も迅速で正しい方法であったと結論づけられた。委員会はルネ・デメゾンを組合から除名することを決定した。

私はこの除名措置にはあまり驚かなかった。それは組合規則の中で、一九六六年のインド航空のカンチェンジュンガ号の墜落の折、いくつかの組合の規則に反する問題があった後、取り入れられた条項だった。そして、ドリューでの彼の行為は明らかにそれらの規範を逸脱したものだった。

この谷の生まれでない他の多くのガイドと同じように、この人もシャモニーに住む人間の歴史を尊重するわけではない。谷の人間たちとは反対に、彼等はその組織の規範や名誉のための決まりといったものに結びついていない。彼等は浮遊電子のようなもので、二世紀前から続く組合員同士を結び付けている連帯などには無関心なのだ。彼等は有名になるにつれ、すべての組織が持っている固有で最小限の拘束ですら我慢できなくなるのだ。それならば、彼等は彼等の責任で行動してもらうしかない。

最奥に壁のように見えるのがグランドジョラス。手前の氷河上に二人の登山者：S

一九七一年グランドジョラス

ドリューでの二つの救助活動は山の麓まで運んでくれるヘリコプターのおかげで容易になっていた。救助のための時間の短縮効果は大きい。しかし、最終的な救出はいつも現場に自力で近づくザイルパーティーに頼らざるを得ない。

今から話す救助劇は新しい方法の転換期になった。それは初めて、ヘリコプターが我々を岩壁に直接降ろし、またそこから直接我々を回収するという離れ業をやったのだ。負傷者がウインチで吊り上げられたのも初めてだった。もちろん、救出の作業は人の手で行われなければならないのだが、ヘリコプターの操縦技術の進歩により新しい可能性を開いたのだった。天候の良し悪しだけがその利用を制限し、不可能な場合は以前のように地上からのザイルパーティーによる救出に頼らざるを得なくなる。

今回は二人のイギリス人がアルプスの中でも最も難

しいミックスルートの一つであるグランドジョラスの北壁、ウオーカー稜で動けなくなった。二人のクライマーのうちの一人は、上部を先行していた別のパーティーからの落石で肩をかなりひどく負傷していた。友達と一緒にこのルートを登っていた我々の組合員のガイドの一人が彼等を励まし、アノラックと食べ物を与えた。そして、彼が救助を要請してきた。他にもパーティーがそばを通ったのだが、誰も遭難者の下降を助けはしなかった。ここでも、一つの変化が感じられる。今までは、負傷者がいるのを見て、知らん顔で通り過ぎるなどということは受け入れられなかった。しかし、現在ではヴェテランのアルピニストであっても良心の呵責もなくそれを行うのである。ヒマラヤでのように各人自己責任というわけだ。けれども、そうして虚空に残された者は悪天候ともなれば死の危険がせまる。

二人はこの稜の中でも最も難しい場所、ダル・ノワール（黒いスラブ）で動けなくなっている。その時代、彼等に近づく唯一の方法は岩壁を下から登ることであった。そして、彼等を背負子で背負って降ろす。ただし、彼等のところまでウインチを上げられれば作業はずっと早くなる。救助は急がなければならない。彼等は怪我をし、消耗している。他の場合と違って、我々も今回の出動がひどくやっかいなものにならなければいいと願っていた。ガイドに対する出動依頼はすぐにやってきた。

いつもと同じようにボアのヘリポートに集合する。フェルナン・オディベール、彼の甥ダニエル、ジェラール・ドゥヴアスー、ウインチを持った高山警察のピエール・グロペリエ、そして私。そこにはいつもの仲間、ジョルジュとイヴォンがいなかったけれど、また別の救助で一緒になるだろう。

私のガイドとしての生涯はこのような仲間同士の小さなグループと結ばれてやってきた。それはとても若い頃、山での冒険を一緒にやった仲間たちだ。そうして一緒にやってきたおかげで、お互いを知り、山での行動中不慮の間違いを避ける信頼と友情の仲間意識が出来上がっている。

ヘリコプターは大きな円を描いてアルヴェロンのゴルジュを上がり、それから真っ直ぐメール・ド・グラス氷河を通り、レショー氷河、そしてグランドジョラスの足元にある段差クレバスを目指した。

我々が軟らかい雪の上に飛び降りると、ヘリはまた谷の方へと沈んでいった。そこは口を開けたクレバスとスノーブリッジに囲まれている。風が冷たい。エンジンの音が遠ざかると静寂が辺りを支配した。我々はたしかに高山にいるのだ。

やがてローターの音が聞こえ、ヘリが他の二人のガイドを運んでくる。それから、ヘリは小さく円を描き、山稜に沿って上がっていった。我々を吊り下げて降ろす、もっと上のテラスを探しに行ったのだ。時間を無駄にしないように、我々は二つのパーティーの間で機材を分ける。

ヘリコプターは直ぐに戻ってきた。イギリス人達の上方、ダル・グリーズ（灰色のスラブ）の上に窪地を見つけたというのだ。ジェラールがヘリに乗ってこれからの作業が可能かどうか、見に行く。二〇分後、ヘリはジェラールを降ろして帰ってきた。ウインチを使わないでジェラールを降ろしたとパイロットは説明した。ヘリの片足を岩にかけた状態で我々は岩壁の小さな岩棚に跳び下りるのだ。それは我々にとって、まったくの初体験になる。

パイロットは我々を岩壁へと運ぶ。私の番になった時、私はふだんのヘリコプターに対する不安を抑えることができなかった。こうした大岩壁でそのような方法がとられるのは初めてのことだったからである。

ヘリコプターは必要なだけ高度を上げると、岩壁に向かって真っすぐ向かってゆく。私はこのまま山の中に突っ込むのではないかと思った。岩から数メートルになると機体は横を向き、平衡を保ち、それから少しずつ接近した。キャビンの窓を通して、岩壁の灰色の中に仲間たちが手を振っているのが見える。何か言っているようだ。彼等の上、岩すれすれにヘリコプターのローターの羽根が描く円が見える。その接近が危険すぎるように思えて私は反射的に椅子にしがみついた。ヘリはさらに数センチ接近し、私の不安はさらに大きくなる。するし、突然扉が開かれた。空気がぶつかってくる。モーターの音が耳をつんざく。眼の前に小さなテラスが見える。私は仲間たちのところへ跳び下り、彼等が私を抑えてくれる。ヘリコプター、アルエットはすぐに遠ざかっていった。私は喜んで、冷たく硬い花崗岩にしがみついた。岩を掴んで、私の不安はやっと消えた。

ヘリコプターが岩壁に接近する光景は衝撃的だ。私はパイロットもヘリコプターという機械も素晴らしいものだと思う。しかし、すべてはまるで綱渡りのように危険をはらんでいる。ほんの小さな石がローターの上に落ちただけでも大惨事になるだろう。次にフェルナンが来た時、我々はみんな岩にしがみついた。それほどヘリの羽根が我々の頭上の出っ張りにぶつかるのではないかと心配したのだ。フェルナンたちが跳び下りると、ヘリは離れていった。我々はウォーカー稜の厳しい景色の中に放り出された。静寂の中で空気を切り裂く音が聞こえる。石が中央大クーロワールを跳ねながら落ちてゆき、モン・マレの氷河で砕け散る。

グランドジョラス北壁：S

我々のいる岩棚は全員でビバークするには狭すぎる。ジェラールとフェルナンはヘリから見つけた、下の岩棚まで懸垂で下る。私はピエールとダニエルと一緒にそこに残った。夜は急速にやってきた。我々は岩壁の基部から八〇〇メートルのところに引っ掛かっている。坐って夜を過ごすために各人それぞれハーケンに自分を固定する。ビバーク用ツエルトは持ってきていないので、準備はすぐ終わる。あまり寒くはない。フィッツとアラビス山脈の後ろで真っ赤に燃える空に黒い帯状の雲が細い縞をつける。天気は明日まで持つだろうか?

こうした条件の中で眠りを見つけるのはいつも難しい。特に今回は疲れてもいないのでなおさらだ。うとうとしたり、少し寝たり、起きたりしながら時間はとぎれとぎれに過ぎてゆく。合間に空を見上げる。明日の天気に関してはっきりした意見を持つことはまだできない。実際、時々雲が辺りを包み、雪混じりの雨を降らせ、それからまた通り過ぎてゆく。雲が切れると、星のまたたくのが見える。

朝の最初の光とともに微かな風が起きる。湿っぽい寒気のせいで我々はお互いさらにくっつき合う。起きるのに躊躇する時間だ。空は全体が灰色に包まれている。今日の行動については不安がある。五時頃、灰色の空の中に大きな青い穴が開いた。懸垂を三回繰り返して私たちは仲間と合流した。

我々は下の二人のイギリス人から一五〇メートルの岩棚にウインチを設置することに決める。我々のうちの一人がワイヤーで彼等のところまで下り、それから三人をいっぺんにここまでウインチで引き上げる。彼等がここまで来れば、ヘリが吊り上げて運ぶだろう。

一番軽いジェラールが降りることにする。機械の操作に一番詳しいピエールが我々に指示をだす。一〇メートルほど下ると、ジェラールはもうハングの下で見えなくなった。無線で下降が問題なく行われていることを報せてくる。三〇分後、彼が二人の遭難者のところに着いた合図があった。負傷している方は岩に背をもたせて丸くなっていた。ジェラールが現れたのを見て、パートナーは立ち上がり、人が上から来たのに驚いていた。彼等にはそれが救助隊だとはすぐに理解できなかったのだ。登攀から退却中のアルピニストだと思ったらしい。二人ともヘリコプターが飛んできたのは知っていたが、我々が壁に降ろされたところは見ていなかった。

ジェラールは期待を持って迎えられたわけではなかったが、彼等を助けにやってきたことを教えた。そして、そのやり方として、ヘリコプターに乗るために登らなければならない事を説明した。遭難者たちにとっては聞いたこともないようなやり方で、まったくそこから動こうとしなかった。脱出は壁を白い氷河まで下りるしかないと思っていたのだ。ジェラールはぐずぐずしているのに腹を立て、動かないで、自分で努力をしないのなら、もう放っておくし、他に誰も助けにこないと脅した。その脅しが功を奏して、二人の遭難者はジェラールの一メートル先にワイヤーで結ばれることを承諾した。ジェラールの合図で引き上げが始まった。

それはひどく骨の折れる作業だった。ウインチのハンドルに腰を曲げてしがみつき、三人の重量を引き上げる。労働は終わりなく続くように思われた。

そうした作業の間、我々から二〇メートルほどのダル・ノワール（黒いスラブ）の出口に二人のアルピニストが現れた。我々のやっていることに一瞬不思議そうな顔をしたが、何事もなかったかのように自分たちの登攀を続けていった。岩壁は良いコンディションで、二番目のザイルパーティーが同じ場所に現れた。トップは我々をちらっと見ただけで登っていった。セカンドのクライマーは我々と同じ高さのところで立ち止まり、パートナーに何か叫んだ。それから、スラブの小さなホールドを使って我々の方へトラバースしてきた。長い間、パーティーのトップは上で不平を言っていたが、それでもセカンドの彼はウインチのハンドルを回すのを心から喜んで助けてくれた。彼がここを離れる時、我々はこのスイス人に、彼が他のアルピニストの救出に関わってくれたことに感謝した。

一時間以上働いた結果、三人は虚空から引き上げられた。二人の遭難者はまだこの救出方法を信用していなくて、悲観的な顔をしていた。

「いや、彼等を動かすことは絶対にできないんじゃないかと思ったよ。だから思いっきり怒ったふりをしなきゃならなかった！」と、ジェラールが言った。

彼等を虚空に張り出した岩の先に坐らせて、我々はヘリコプターを呼んだ。

何分か後、ヘリはメール・ド・グラス氷河からやってきて、モン・マレの上で方向を変え、我々の頭上に来て静止した。ワイヤーが降ろされ、それを掴み、最初の負傷者をそれにつないだ。パイロットに合図を送ると、彼はすぐに空中に吊り上げられ、そしてキャビンに吸い込まれた。二人目はそれを見て、完全に救出されることを確信して初めて笑顔を見せ、我々に感謝した。彼も自分の番がきて、ヘリに引き上げられ、谷へ下りていった。我々はヘリコプターが帰ってくるのを待った。パイロットは近寄ってくると、ここからでは我々を回収しないと言った。ワイヤーでの吊り上げは機体のバランスを崩す恐れがあって、ほんのちょっとのミスでも機体を壊すし、人を吊り下げた場合、落石などでケーブルを破損し、吊り下げた人を危険にさらす可能性があるというのだ。それで我々は昨日の着地の場所、ダル・グリーズへ登り返すことになった。

ヘリコプターはぎりぎりまで近寄って、我々が飛び乗る時にバランスを崩さないようにパワーを最大にしてホバリングする。二人が乗り込むと、パイロットはすぐに岩場を離れ、レショー氷河の方へ下っていった。そして氷河の上に着陸した。私はパイロットが操縦席から出て五〇メートルほど歩き、戻ってきて一息つき、また神経を集中させて操縦席に乗り込み、次の二人を乗せに上昇してくるのを見た。

一一時半、我々は全員谷に帰ってきて解散となった。我々にとっての救助作業は終了し、やっと安心することができた。すべてはこうはならない可能性もあったのだが、今回はヘリコプターのおかげで本当にうまくいった。

一九六一年、フーの南壁での私の事故の時、マルクも私も救助を呼ぶことなど思い付きもしなかった。そこから脱出するには自分たちの力しかないことが分かっていた。あるいは昔のように元気な方が谷まで救助を呼びに行き、もう一人はそこに残って救助隊を待つのだ。

人間が遭難者を背負って運び出す時代の救助を知っている私にとって、初めてのヘリコプターでの救助はパイロットの操縦技術とともに素晴らしい進歩を感じる。けれども、地上からのザイルパーティーによる救助活動がなくなるということはない。悪天候の中ではそれが相変わらず唯一の方法となるからだ。

第六章　そして今は

一九七四年。この頃、世界の屋根エベレストに足を踏み入れたフランス人はまだいなかった。そこへ行こうという考えが、アンナプルナ南峰への遠征の帰り、ジェラール・ドゥヴアスーの中に芽生えていた。私はアルプス以外の山に足を踏み入れるというこの計画にすぐに飛びついた。難しい、大きな計画で私は大冒険に参加することにわくわくした。いつもアルプスで一緒に登っている仲間や、他の山仲間、そして我々を助けてくれ、仲間となるシェルパたちと長い登攀を行うのだ。それはまた、ヒマラヤという山に住む人々の別の文化に触れる機会でもあった。

ヒマラヤに関して経験の深いジョルジュ・パイヨも参加する。その他にガイド組合の五人のガイドが行くことになった。彼等の力量はもうすでにモンブラン山塊で十分に実証済だ。私のザイル仲間のフェルナン・オディベール、そしてクロード・アンセイ。情熱にあふれた若いガイド達、ジャン＝ポール・バルマ、ダニエル・オディベール、ドゥニ・デュクロ。私がマッターホルンに一緒に登ったカメラマンでアルピニストのピエール・テイラッツ。そして、シャモニー生れの医師、エリック・ラセールが隊に同行する。すでに知られたノーマルルートではなくて、我々はまだ手の付けられていない西稜を登ることにした。

エベレスト遠征隊　後列左から：ドクター　E・ラセール、ダニエル・オディベール、フェルナン・オディベール、クロード・アンセイ、ジャン＝ポール・バルマ、ドゥニ・デュクロ
前列左から：サーダー　サノム・ガルセン、ジェラール・ドゥヴアスー、リエゾンオフィサー　カピル・シタウラ、ジョルジュ・パイヨ、クリスチャン・モリエ、カメラマン　ピエール・テイラッツ

我々は十八日間にわたって時には雪の降る中を山と闘ったことを覚えている。広くてキャンプ設営に最適のローラ・コルへの侵入は当時、毛沢東政権によって禁止されていた。そのため、別の長い危険なルートをとらなければならなかった。チームは全員その難しいルートに一丸となって頑張った。私はフェルナン・オディベールと深い雪を漕いで第二キャンプまでのルートを作ったのを思い出す。エベレストの肩に選んだキャンプ地はクンブ氷河のアイスフォールを見下ろす場所で、それは先への期待を持たせるものだった。

一九七四年九月九日、一九時二〇分に起きたことはどうして忘れることができよう。動物が殺されるような悲痛な長い叫びが響き渡った。そして、慌てたシェルパが「雪崩！　雪崩！」と言いながら飛び込んできた。山の上からのやっと聞こえるくらいの彼等の仲間のホイッスルの音によって、彼等は上のキャンプに事故が起きたことを理解した。不安の何分かが過ぎた。第一キャンプのエリックから連絡があった。突風がシェルパのニマ・ワン・チューの入っていたテントを吹き飛ばしたという。すぐに捜索が行われたが、雪崩の混乱した堆積の中をヘッドライトで探すのは不可能だった。夜の残りは第二キャンプからも第三キャンプからも呼びかけに対する返事がない不安の中で過ぎていった。五時、第三キャンプの無線がざわざわと音を立て、クロード、ジャン＝ポールそしてアング・テンバは無事で何も気がつかなかったと伝えてきた。一安心だった。けれども、第二キャンプからは相変わらず何の連絡もなかった。

クンブ氷河、ヤクがベースキャンプへ向かう。

一一時頃、第二キャンプから第一キャンプへ下りてきたピエールが憔悴しきって、彼は二人のシェルパと下りてきたのだが、他の四人のシェルパはジェラール・ドゥヴアスーと共に雪崩でテントを潰されて死んだと無線で伝えてきた。

第三キャンプの三人が無事だという朗報に続いて、この悲しい報せに我々は打ちひしがれた。五人の最強のシェルパがいなくなったのだ。彼等は五人の若い山男、我々はとても親密になり、信頼関係で結ばれていた。ジェラール、我々の遠征隊長もいなくなってしまった。彼との若い頃の山行、最終的には彼のすべてとなった山への情熱の誕生に立ち会ったこと、ヴェルコールでの彼との気違いじみたクライミングの数々、ドリューやグランドジョラスで一緒にやった救助活動、そしてこのエベレストへの遠征への彼の情熱、シャモニーのガイド仲間と一緒にそこに居ることへの彼の幸福、そうしたものが走馬灯のように私の頭の中を駆け巡った。

クロード・アンセイ、ジャン＝ポール・バルマ、そしてシェルパのアン・テンバは五日間テントで悪天候に閉じ込められた後、一時の晴れ間をつかまえて、深雪に悩ませられながらもベースキャンプまで戻ってくることができた。それから何時間か後には我々はこの遠征を中止することを決めた。五人のシェルパとジェラールを失うとは山に対してあまりにも大きな代償だった。チームは一体となって、とても良い雰囲気だったために、その悲しみはより大きなものだった。

私の仲間や私の若い頃、まだアルプスのいくつかの山では新しいルートを拓く機会に恵まれた。しかし、現在ではいいルートはほとんど登られてしまって、手付かずのルートを登るなどということは難しくなっている。岩壁の中に新しいルートをつくるということはひじょうな喜びで、登攀の最中、壁の持つ罠を予想し、それに対応していくのは大きな喜びとなる。けれども、岩壁の中の新しいルートではなく、まだ誰も登ったことのない山の頂を目指したいという欲求を持たないアルピニストはい

ルハルングからの帰還 photo: Pierre Tairraz

ないだろう。そこに至るルート探しは同時に冒険の匂いを伴って、その地方の発見という魅力に満ちている。

そうしたわけで、エベレストの後、モンブラン山塊での仕事のほかに一九七六年から一九七八年までペルーへ何度か遠征をした。それにはよく一緒に登っていて、技術や実力を知った馴染みの客を連れていった。そうして、標高五九五〇メートルのネバド・ピスコや標高五五七〇メートルで未踏のヤナパッチャや、ペルーの最高峰、標高六七六八メートルのワスカランなどに登った。

ルハルングの登攀　Photo:P.Tairraz-R.Vernadet

一九七九年、今度はフェルナン・オディベールがインドの北、ザンスカール山塊のルハルング、標高六五〇〇メートルの未踏峰への計画に誘ってくれた。一六人のメンバーが集まった。そして、私とフェルナンを含めた一八人のうち一四人が事故もなく初登頂を果たすという大成功に終わった。

我々は海外の山々の頂きや登行の数々の思い出で頭をいっぱいにしてシャモニ

ーへ帰ってくる。けれども、サランシュを抜け、レ・ズッシュの曲がりくねった道を登ると、見えてくるモンブランに早くも帰ってきた実感がわくのだ。地球上のどこの山へ行っても、この景色は何ものにも代えがたい。広くもない範囲に雪を輝かせながらかたまっている針峰の群れはやはりここだけのものだと思う。

職業をとおして得たいくつかの経験から、私はここに山への愛着、この時間が経っても色あせることのない不思議な情熱を再現しようと試みた。

私のガイドとしての人生を振り返ってみよう。

私が最初に眺めたものは山々であり、森であり、氷河だった。最初に興味を持ったものはスキーであり、岩登りであった。私がガイドになったことをとても誇りに思ってくれた父の足跡を私は歩いていった。ガイド試験に合格した時何も言わなかった母に、そしてその後は私の妻に余計な心配の種を与えたことも確かだった。もっと違った人生を歩むこともできたかもしれない。けれども、私は山から素晴らしい思い出と、難しい状況に立ち向かう力と、そして生活の中で辛抱しなければならない小さな苦労は気にかけないでいる能力などを持ち帰った。ときには他のアルピニストたちの救助に加わって、私の人生は無駄ではなかったという気持ちになった。

私は父親がガイドであるということと、同じように山に情熱をそそいでいる仲間と一緒に成長したという幸運に恵まれていた。人は強制されてではなく、自分が選んだ道を精一杯生きる時、人生はやってゆくに値する。私のまわりにはクライミングが好きな若者がたくさんいたが、彼等はそれをじゅ

ヒアスカラン北峰と南峰

うぶんに活用することができなかったために、今になって情熱を満足させられなかったことを残念に思うと言う。

私は二人の息子、セルジュとレミーが山やスキーに熱を上げていることを知っていた。それでも特別ガイドになるように後押しはしなかった。たぶん、彼等は彼等自身でガイドという職業の要求する義務や制約、そのせいでの私の不在や彼等の母親の心配の種などを測っていたのだと思う。

高山、私はこの高みが好きだ。そこには手付かずの自然があり、ただ風や太陽だけがそれを変化させる。現代社会のあらゆる攻撃にさらされている谷の生活とは大きな違いだ。雪や岩の世界に入るとそこには誰もいなくて、谷間の絶え間ない変遷とはかけ離れた永遠の不変性に出会う。日々の慌ただしさから抜け出て、その岩の中に地球の歴史や自然の永続性を再発見する。

私のそうしたことに心を奪われる性質は年を取っても鈍るわけではなく、むしろその反対に増してくる。このモンブランの景観は日々さらに美しく見える。たとえ何度も登ったルートでも、そこをふたたび登ると大きな喜びを感じる。クライミングに飽きることは決してない。季節や、一日のうちの時間や自分の肉体的コンディションなどによって、それはまた新たな味付けとなる。大きな感激を得るためには極限の登攀が必要というわけではない。登ったことのない峰ならば、それは新鮮で、新しい感動と新しい景色をもたらしてくれる。山は何度も登られていいし、冒険的要素もつねにある。

何事も経験しなければ得られない。しかし、得られた経験でも、ルート中ほんのちょっとの変化があれば、それから完全に私を護ってくれるものでもない。何人もの偉大なアルピニストがほんの小さなミスで罠にはまったことを覚えておく必要がある。アルピニストのアンドレ・ロックは《高山は容赦しない。そこへ通えば通うほどいろいろな危険をよりよく知ることになる。そして、ほんのちょっとしたことが生命を失うのに十分だと理解する》と言った。彼の言うように、年を取るほど危険がどこにでもあることに気づくのだ。私はこの危険と袖をすり合わせた。死から逃れるようなことがあると、より生命に貪欲になる。こうした先の見えない状況は生存に鞭をくれる。そしてよりいっそう青い空が見られることを大事にしたくなるのだ。

残念ながらこの危険が私から仲間を奪い取った。我々は五人だった。現在、二人しか残っていない。彼等のことを思い出すと寂しくなる。私は私の中に彼等の短い人生の一部を持っているのだ。彼らの代わりはすぐに見つかるだろうと考えていたが、けっきょくこの最初のザイルパートナーたちは誰にも替えられるものではないということが分かった。今では、ほんの少ない友人たちと山への道を歩む。幸いにしてジョルジュがまだいる。彼と一緒にクライミングをするのは、そして新しいルートを見つけたり、シャモニーの方言を混ぜながら会話ができるのは大きな喜びだ。

私の行動範囲は決して狭いものではない。けれどもいつの日にかもうピッケルを持つことをやめる悲しい日について考えないわけにはいかない。すでに長く耐久力を必要とするいくつかのルートは私の予定表から消えた。ときおり、それらのルートを下から眺めて、自分はああしたルートのほとんどを登ったのだと自分に言って慰める。それらの峰々に長い間通っていたせいで、私はそれらの峰に起きる、どんな小さな変化も、それが天候や浸食によるものであっても、すぐに分かる。私は頭の中でそれらのアレートや特徴的なピッチを登った時のことを思い出し、あれはいい時代だったと考えるのだ。そして、それらの壁へ想像のルートを描く。あるものは昔よりも高く、急に見える。強烈に凝縮した時間への誘惑がなくなってくると、山行から帰った時の山の余韻はより長くなってくる。私の活動が絶頂期で毎日山に行っていた頃は、私は山を全面的に支配し、その日々の秘密を知っていると思っていた。私は山にいくつかの初登攀を残した。けれども私のクライミングの日々が少なくなると、それらは私からだんだん遠くなり、単に記憶の中の場所になってくる。今では、私は山に招待されただけの者であり、

ヒアスカランの登攀

一時的にガイドであったので、やがて私の中の何かがあの高みに残ることはなくなるだろう、ということが分かっている。

私は好きで山に登ってきた。そして、最初の頃、ただ山登りを仲間たちと楽しみたいという目的のためだけにアマチュアとして登っていた。次にそれは私の仕事となり、私はお客と日々を過ごし、たくさんの友人ができた。私の人生の一部は山の上にあった。

私はつねにガイド組合に愛着をもっていた。それはたぶんこの組織が山人にとってある種の身分証明になっているからだろう。組合の本質や、その歴史や気質、山という環境に結びついた、そして長い時間の流れの中でのみ引き継がれることが可能なシャモニー人特有の価値観といったものがある。

それを谷の外からやってきてガイドになった人たちが薄めてしまったとしても、やはり組合の一員であるということには意味がある。もし、先達たちに対する尊敬や組合の歴史への愛着がメンバーの中になくなったら、それは経済的発展のみを追求する、商業競走の中に組み込まれた単なる小さな民間組織となってしまうだろう。そして危険を伴わないわけではない活動の中で生まれたお互いの尊重という結びつきは続かなくなってしまう。この谷にまだほんの少ししかガイドがいなかった時代から比べると仕事の内容は大きく変化した。ガイドと平行して農業もやっていた父の時代のガイドの生活と較べてもすでに違うものになっている。今日ではヨーロッパ中のガイドたちがシャモニーへ仕事にやってくる。まるでこの谷のためにプロガイドを作っているようだ。使用用具の進歩や、安全管理技術は特に岩のクライミングにおいてガイドの職業寿命を延ばした。仕事の範囲はお客やガイドの趣向が変わって高山の端での短いルートのクライミングに集中している。今では我々がやったような冒

バルム峠からのシャモニーの谷。モンブランからボソン氷河が落ちているのが見える：S

険や運が必要な高山での登攀は遠くなりつつある。頂への登行は少なくなっている。冒険的要素が残っているのは安全の保証が不安定な雪のルートの山行だけだ。けれどもこの山頂を渡り歩くことへの希求はまた戻ってくるだろう。人間の持つ根源的な欲求や現代社会の中での息抜きの必要性がだんだん強くなってきているからである。予想不能な冒険への探求とすべてを管理し最大限の保証を求めようとする人間性のない現代社会の要求の間にはジレンマがあるだろう。しかし、自然の欲求に根差した人間は現代においても素手で山にしがみつくことを追求するだろう。

最近、私は雪との境界線の場所によく足を運ぶ。私はまだこれからも長い間山靴をはいて、若い時のように一人で目的も決めず、道の途中で出会うすべての物に興味を惹かれ、光を浴びて、私の中の深い部分から湧き出る欲求に浸る喜びを聞き、生きたいと思う。高みとの接触はその度に私の中にやさしい幸福感を目覚めさせてくれ、さらにまた高みへ行きたいという気持ちにさせてくれる。

中級の山々にはアルプの香りや音がある。それもまた静かな美しい世界だ。鳥の声を聞くために朝早く出かけるだろう。そこでは氷河の白さを背景にくっきりとした古い松の木を見て幸福になるし、七月になればタコナ氷河を見下ろす断崖にへばりついたオダマキの群生が見える。さらに行けば尖った葉を持つ灌木のところまでシャクナゲの斜面が拡がっている。冬、冷たい影が谷を埋める時、私はスキーをはいて太陽を探しに行くだろう。

私の足が歩くのに辛さを感じるようになったら、私はいつでもモレーンの下へ出かけて、夏の遅くまで咲いているキンポウゲやウンランを岩のブロックの間に探し出すだろう。

そして、もう遠くまで歩けなくなっても、それでも山のない場所へ移ることなどは考えられない。私はまだ眼を上げていつも夕陽が山々の色を変えるのを見るだろうし、冬には雪が静かな白い衣をかけてゆくのを見るだろう。朝早く、ボソン氷河の下で私のシジュウカラやヤツガシラに餌をやるのを日課にしよう。

訳者のあとがき

一九六三年に初めてシャモニーを訪れて以来、現在にいたるまで、一時期フランスに事務所を持っていたこともあって、ここにどれだけ通ったかは数えられない。おかげでたくさんの知人、友人ができた。なかでもこの地に最初に根を下ろした日本人の一人、わたしの友人の妹と結婚した関野寿君とか、いつも部屋を占領するので家族なみに扱ってくれるルネ・ボゾンの一家とかはもう半世紀以上の付きあいになる。ボゾンの家では、一九二六年生まれのルネが長男で彼が十三歳のとき、ガイドの父親が雪崩で死亡した。彼の弟シャルル・ボゾンは彼が親がわりで育て、ガイドでまたスキーの名手として成長し一九六二年、世界選手権のスラロームでチャンピオンになった。しかし、一九六四年国立スキー登山学校の生徒と共にヴェルト針峰で雪崩に会い死亡。ルネの息子、リシャール・ボゾンもやはりガイドになったが、一九九五年、お客を案内してスキーの途中小さな雪崩で帰らぬ人となった。

この本の中でクリスチャンも書いているが、シャモニーの谷では古いガイドの家系ではたいてい家族や親戚の中に山での死者を持つ。それは暗黙の連帯のような感情を生み出し、谷の外から来た者と区別している。わたしの場合、父親が日本で登山学校のはしりのようなことをしており、一九六〇年、富士山吉田大沢で冬山講習中、大きな雪崩で講習生、講師とともに死亡している。そんなことが外からの人間とは本能的に距離をおくこの谷の人たちにたやすく受け入れてもらった理由かもしれない。

ボゾン一家のことを語るとなれば本がもう一冊必要となるのだが、話を戻すと、そのボゾン家のリシャールとボソン氷河に氷の技術の練習に行ったときにわたしはこの本の著者、クリスチャン・モリエと初めて会った。静かで控えめだが、エネルギーに満ちた強い印象を受けた。

それからずいぶん経って、シャモニー市と富士吉田市の姉妹都市交流の中で彼がシャモニーガイド組合の会長および三人の同僚と訪日した時、すぐにそれはあのクリスチャンだと分かった。そして、関野君やボゾンとおなじくペルラン村に住んでいることや、彼がシャモニーの谷や、山や氷河について、そして山岳小説まで書いていることを知ってすっかり意気投合した。それ以来、山へ行く時はいつも彼の道具を借りていく。

クリスチャン・モリエは一九四〇年生まれ。書かれているようにボソン氷河の下、ペルラン村のすぐ隣のモンカール村で子供時代をすごした。そして、モンブラントンネルの建設がこの谷をすっかり変化させてしまったことを経験した。それは同時にガイドの職業形態や性格をも変えてしまった。彼はそうした詳細を彼の登攀や救助活動などをとおして誠実に誇張をまじえず書き残している。それはシャモニーのガイドの仕事や人生、悩みや喜びを語る貴重な記録となるだろう。

そんな中で、ブレチエール針峰での日本人パーティーとの出会いの描写はこのパーティーの生存中の最後の場面である。林与四郎、飯田博子という当時のトップクラスのクライマーで、モリエの記述は彼等の遭難の原因を予想させる。この遭難について日本で書かれたものを探してみると、《クライマー――登山界の寵児・吉尾弘と若き獅子たちの闘い――》と題した高野亮著、随想舎の本の中にそれがあった。

――六月三十日午後二時、林与四郎と飯田博子は、プラン・デ・ゼギーニのベースキャンプを出発して、同日ブレチエール峰を登り、登頂に成功。その直後、天候が悪化して嵐となる。山頂から北壁を下降し、午後三時ころ下降コースのナンティオン氷河を下っている最中、セラック（氷塔）の崩壊にあって遭難。翌日七月一日早朝、シャモニーのガイド、クリスチャン・モリエに発見され、ヘリコプターで遺体の搬出が行われた、とある。

しかし、このときの状況については、異なる情報もある。

林与四郎と飯田博子はナンティオン氷河を夕暮れの中で下降中（シャモニーの六月末の夕暮時刻は遅い）、客をガイドしてビバーク中のシャモニーのガイドから、「これから下の通過は危険だ。ビバークした方が良い」と声をかけられる。しかし、下降していった二人は、その後氷河末端のアイスフォール部で墜落死した。発見者は、声をかけたシャモニーのガイドであった。――（原文のママ）

わたしの翻訳がもう何年か早かったなら、このパーティーの遺族か友人たちに彼等の正確な最後の場面を伝えることができたかもしれない。

シャモニーの谷や山へ足を運んだことや、そこでたくさんの友人をもてたことはわたしの山登りを豊かにしてくれた。こうしてシャモニーの谷の人生を書いたクリスチャン・モリエの本を紹介することで、その恵みに少しでも報いることができるとすれば望外の喜びです。

二〇二四年一月

柴野邦彦

Christian Mollier

1940年生まれ。フランス・アルプスにおける山岳活動の黄金期にガイドおよびクライマーとして活躍。生まれたシャモニーの谷や山を愛し、数々の著作がある：写真や絵画などの古い資料を集めた“セルヴォーツ村からヴァロルスィーヌ村・モンブランの国”、“モンブランの冬のスポーツ”。仕事場としていた氷河にかんする“モンブランとボソン氷河”、“メール・ド・グラスとヴァレ・ブランシュ”。また山岳ガイドを主人公とした小説“モンブランに吹くフェーン”。

しばのくにひこ

1943年、東京生まれ。上智大学フランス語科卒。フランス大使館勤務後、イベントプロデュース業等を経て、現在絵描きと、文筆業。登山とフライフィッシングを愛好。著書に『水辺の写生帖』（プロモビス）、『フィッシング・ダイアリー』（未知谷）等、編書に『ひとり歩けば』『山中暦日』『山谷晴天』（辻まこと、未知谷）、訳書に『ア・フライフィッシャーズ・ライフ』（シャルル・リッツ、未知谷）。日本山岳画協会及び日本登攀クラブ会員。

シャモニーの谷に生まれて
モンブランが仕事場

二〇二四年二月二〇日印刷
二〇二四年二月二九日発行

著者　クリスチャン・モリエ
訳者　柴野邦彦
発行者　飯島徹
発行所　未知谷
東京都千代田区神田猿楽町二-五-九
〒一〇一-〇〇六四
Tel.03-5281-3751／Fax.03-5281-3752
［振替］00130-4-653627

組版　柏木薫
印刷　モリモト印刷
製本　牧製本

Publisher Michitani Co. Ltd., Tokyo
ISBN978-4-89642-719-6　C0098

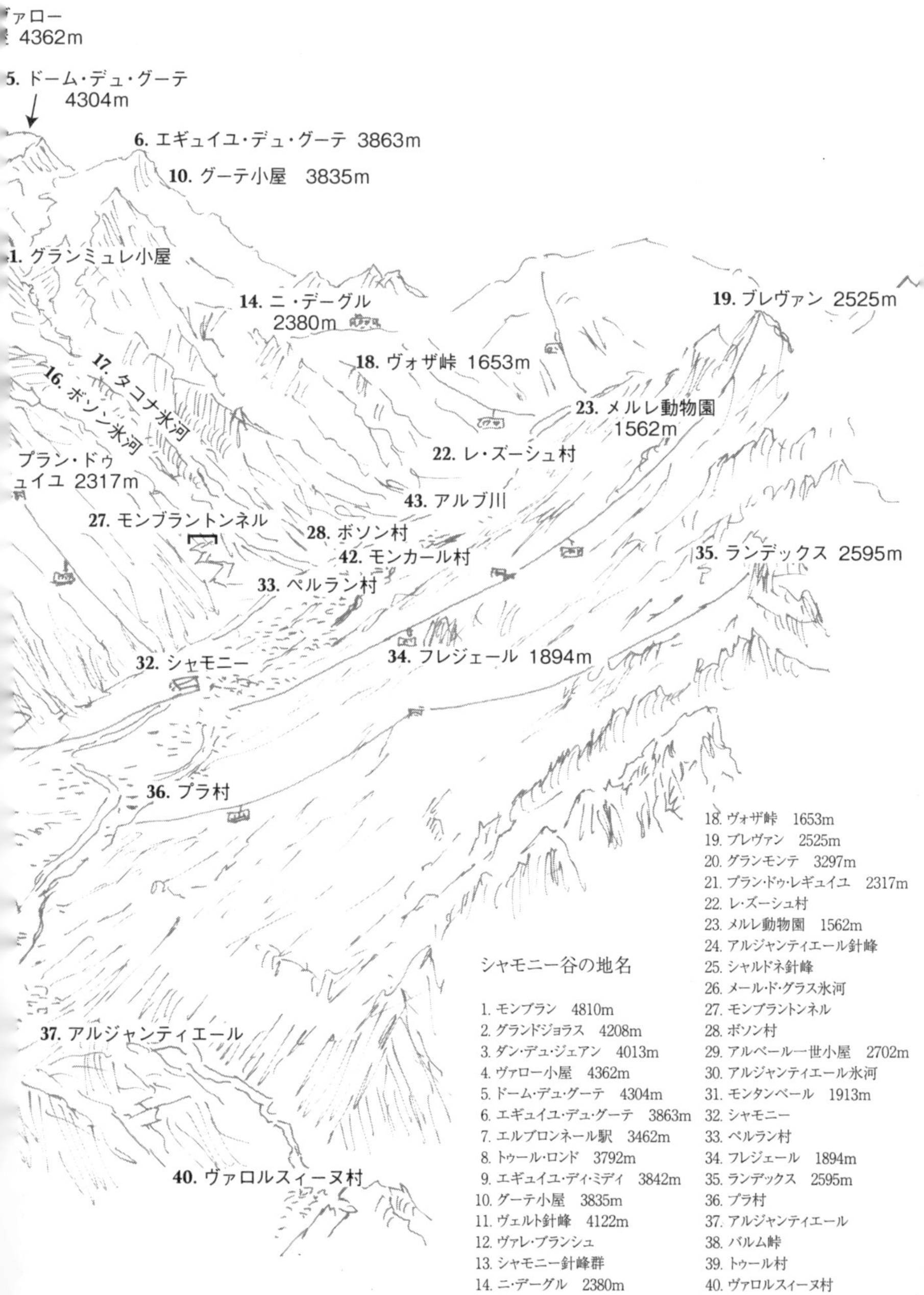

シャモニー谷の地名

1. モンブラン　4810m
2. グランドジョラス　4208m
3. ダン・デュ・ジェアン　4013m
4. ヴァロー小屋　4362m
5. ドーム・デュ・グーテ　4304m
6. エギュイユ・デュ・グーテ　3863m
7. エルプロンネール駅　3462m
8. トゥール・ロンド　3792m
9. エギュイユ・ディ・ミディ　3842m
10. グーテ小屋　3835m
11. ヴェルト針峰　4122m
12. ヴァレ・ブランシュ
13. シャモニー針峰群
14. ニ・デーグル　2380m
15. ドリュー針峰　3754m
16. ボソン氷河
17. タコナ氷河
18. ヴォザ峠　1653m
19. ブレヴァン　2525m
20. グランモンテ　3297m
21. プラン・ドゥ・レギュイユ　2317m
22. レ・ズーシュ村
23. メルレ動物園　1562m
24. アルジャンティエール針峰
25. シャルドネ針峰
26. メール・ド・グラス氷河
27. モンブラントンネル
28. ボソン村
29. アルベール一世小屋　2702m
30. アルジャンティエール氷河
31. モンタンベール　1913m
32. シャモニー
33. ペルラン村
34. フレジェール　1894m
35. ランデックス　2595m
36. プラ村
37. アルジャンティエール
38. バルム峠
39. トゥール村
40. ヴァロルスィーヌ村
41. グランミュレ小屋
42. モンカール村
43. アルブ川